AF534541

KOCHEN FÜR DIE ZUKUNFT

LET'S EAT THE WORLD
A BETTER PLACE

ESTELLA SCHWEIZER
FOTOS: WINFRIED HEINZE

KOCHEN FÜR DIE ZUKUNFT

LET'S EAT THE WORLD
A BETTER PLACE

SÜDWEST VERLAG

INHALT

REZEPTE

BASICS

KLIMAFAKTEN

KLIMA SCHUTZ IST MÖGLICH

Der Sommer 2022 – das Jahr, in dem Estella ihre ersten Rezepte für dieses Kochbuch schrieb – war ein außergewöhnlich heißer Sommer mit ständig neuen Temperaturrekorden. Ich reiste bei 40 Grad Celsius durch Italien und dokumentierte die Klimafolgen dieser extremen Hitze. Dabei sah ich kilometerlange verdorrte Maisfelder in Felonica, stand in Boretto im ausgetrockneten Flusslauf des Po, stapfte durch zentimeterdicke Ascheschichten in einem abgebrannten Wald in Bibione und kraxelte in 3200 Meter Höhe auf den schmelzenden, schneefreien Hintertuxer Gletscher in Österreich. Ich sprach mit verzweifelten Bauern, in ihrer Existenz bedrohten Flussfischern und besorgten Experten für Gletscher. Sie waren sich alle einig: Die Klimakrise ist da.

Diese Klimakrise verändert die Welt schneller und nachhaltiger, als wir denken. Doch trotz ihres Ausmaßes steckt in jeder Krise auch eine Chance zur Veränderung – man muss sie nur nutzen. Wir brauchen positive Bewegung statt Verzweiflung. Mut zu Veränderung statt Vermeidungsstrategien und Leugnung. Es sind kleine und große Schritte, die wir gemeinsam und allein gehen können, denn Klimaschutz ist möglich. Estella hat diesen Mut zur Veränderung und verbindet Klimaschutz mit unwiderstehlichem Genuss. Ihre Kreationen sind alltagstauglich und regen uns dazu an, kritisch über unsere Lebensmittel und ihre Herkunft sowie die Wertschöpfungskette nachzudenken. Kochen für die Zukunft ist ein Muss für jede Küche mit Anspruch und Geschmack.

VOLKER GASSNER

GREENPEACE E. V.

EATERNITY

Die größte Motivation für mich ist es, möglichst vielen Menschen ein nachhaltiges Leben zu ermöglichen. Ein Leben, in dem es allen gut geht. Der Gedanke, dass wir etwas beitragen können, nicht nur für den Menschen, sondern auch für die Umwelt und für all die Lebewesen um uns herum, motiviert mich täglich.

Diese Motivation lässt sich in ein Gedankenexperiment einbetten, das helfen soll, meine Perspektive auf das Thema Nachhaltigkeit zu erläutern: Versuchen wir einmal, uns gesamthaft als einen einzigen Organismus auf diesem Planeten zu sehen. Innerhalb dieses einzigen Organismus ist die Entstehung unseres Bewusstseins ein unwahrscheinliches, einzigartiges Ereignis. Wenn wir in dieser Vorstellung nun die »Klimabewegung« betrachten, ist diese nichts anderes als Ausdruck ebendieses Bewusstseins dafür, dass wir mit unserem Verhalten unsere Lebensgrundlage zerstören und etwas dagegen tun müssen. Eine Art natürliche Reaktion des Organismus auf seine Krankheit. »Wir sind die Natur, die sich selbst verteidigt.« Wir sind kein getrennter Teil, wir sind ein Organismus, der sich anstrengt, sich selbst zu heilen, um zu überleben.

Das obige Zitat las ich als Schriftzug bei den Klimaprotesten zur Konferenz um die 1,5-Grad-Verhandlungen in Paris. Seitdem begleitet es mich. Damit einher geht die Vorstellung, dass wir alle zusammengehören, aber innerhalb dieses Ganzen unterschiedliche Rollen spielen. Der Kern des Zitats ist es, diese Verantwortung so weit zu übernehmen, dass es einen Effekt hat, auch wenn es andere noch nicht tun oder unser Handeln ihnen sogar missfällt. Das Zitat motiviert, unsere Reaktion so auszurichten, dass sie auch wirkt. Und wir nicht die letzte Generation werden.

Ich glaube so fest an uns als Menschheitsfamilie, dass ich überzeugt sagen kann, dass wir unseren Planeten nicht aus Boshaftigkeit zerstören. Es sind unser Unwissen, unsere Trägheit, unsere Ignoranz, die uns im Wege stehen. Zwei Dinge sind entscheidend, um gegen die Klimakatastrophe vorzugehen: Zum einen braucht es eine Transformation hin zu erneuerbaren Energien. Und zum anderen müssen wir unsere Ernährung umstellen.

Dieses Buch ist eine erste Anleitung für die Umstellung der Ernährung, ein Aufruf zur Achtsamkeit beim Lebensmittelkonsum, ein Wegweiser in Richtung Gesundung des Planeten mittels kulinarischer Köstlichkeiten.

Es ist bemerkenswert, wie sehr wir uns als Individuen darüber definieren, was wir essen. Wie wir über das gemeinsame Essen an einem Tisch Beziehungen mit anderen Menschen knüpfen. Was wir essen, beeinflusst, wie wir wahrgenommen werden. Die wenigsten von uns treffen ihre Entscheidungen darüber, was sie essen, übermäßig reflektiert. Es fehlt die Zeit, es fehlt das Wissen. Es fehlt das Bewusstsein.

Unsere Gewohnheiten, was wir gern essen, sind tief eingefurcht in unsere Identität, tief verbunden mit unserer Wertschätzung und Selbstwahrnehmung. Unser Körper setzt Dopamin und Serotonin – die Botenstoffe, die uns helfen, uns Ereignisse zu merken und positiv zu bewerten – in größeren Mengen in unserem Magen frei als in unserem Gehirn. Diese Botenstoffe formen uns, sie definieren, wer wir sind. Entsprechend könnte es heißen: »Ich esse, also bin ich«, statt: »Ich denke, also bin ich.« Wenn jemand kritisiert, was wir essen, dann kritisiert diese Person nicht, was wir tun, sondern wer wir sind. Das ist schwer zu verdauen.

Unser Bewusstsein erlaubt es uns allerdings, über unser Handeln und unsere Bedürfnisse zu reflektieren. Und uns neu zu definieren. Ich habe großen Respekt vor jeder Person, die es schafft, sich auf die Zusammenhänge unserer Ernährung, insbesondere auf ihre Auswirkung hinsichtlich des Klimas, einzulassen. Es kostet Energie und Mut, auch auf die Schattenseiten unserer Lebensmittelproduktion zu sehen. Und es braucht Haltung, dann auch den Schritt zu tun, in klarer Konsequenz das eigene Handeln danach auszurichten. Das ist keine leichte Aufgabe.

In dem einen oder anderen Fall führt die Ernährungsumstellung zu weniger oder gar keinen Fleisch- und Milchprodukten zu Konflikten und Diskussionen. Auf diese müssen wir uns erst mal einlassen wollen. Eine solche Umstellung kann aber auch konfliktfrei und bereichernd geschehen. In meinem Fall war es das Weihnachtsessen mit der Großfamilie. Die Diskussion mit Freunden, was wir als Nächstes gemeinsam angehen wollen. Die spielerischen Dialoge mit meinem Sohn, warum es so wichtig ist, dass wir uns mit der Klimakrise auseinandersetzen. Die gemeinsamen ruhigen Momente mit meiner Partnerin und Mitgründerin von Eaternity. Zu Tisch, beim klimafreundlichen Schmaus, sprießt in mir die Hoffnung, dass wir über das Essen Türen öffnen können, um die weitgehende Nachhaltigkeitstransformation im Ganzen als Menschheitsfamilie auch tatsächlich zu schaffen. Dass wir es schaffen. Und ich meinem Sohn in die Augen sehen kann, um ihm mit einem guten Gefühl von der Welt zu erzählen, die ich mir so sehr für ihn wünsche. Ihm eines Tages die Geschichte erzählen zu können, warum es so schwierig war, alle mit an Bord zu bekommen, wir es aber letztlich dann doch geschafft haben.

Ein kleiner Meilenstein in dieser Geschichte sind die vielen leckeren Mahlzeiten in diesem Buch. Es ist das erste Buch, das wir mit Eaternity durch CO_2-Berechnungen für die Gerichte und unser Hintergrundwissen umfassend bereichern durften. Ich hoffe, es schmeckt euch.

Danke dir, liebe Estella!

MANUEL KLARMANN

GRÜNDER UND CEO EATERNITY

(WWW.EATERNITY.ORG)

LET'S EAT THE WORLD BETTER!

Das Thema Kochen fürs Klima beschäftigt mich seit geraumer Zeit. Da mir die diesbezüglichen Zusammenhänge schon relativ früh im Leben intuitiv klar waren, habe ich mich bereits in jungen Jahren für eine weitgehend pflanzliche Ernährung entschieden. Im Laufe der Zeit hat mich das Thema immer wieder auf unterschiedliche Art und Weise eingeholt und sich beständig seinen Weg in meinen beruflichen Alltag gebahnt.

Inzwischen ist das Thema in der Gesellschaft angekommen. Eine vegane Ernährung ist heute keine Frage des persönlichen Geschmacks mehr, sondern eine wissenschaftliche Antwort auf den »Klimanotstand«, der 2019 von Politiker*innen und Aktivist*innen ausgerufen wurde. Den Begriff »Notstand« zu verwenden bedeutet jedoch, einen Zeithorizont von ein paar Jahren vorauszusetzen, denn Notstände sind fluktuierende Ereignisse, sie gehen vorbei. Passender wäre von Klimakrise zu sprechen, denn wir stehen vor einer Jahrhundertaufgabe. Sie hat und wird die Welt für immer verändern, es wird nie wieder so werden, wie es einmal war.

Viele Menschen haben das bereits verstanden. Das Konsumverhalten jüngerer Generationen ändert sich rasant. Die Zukunftsforschung im Bereich Ernährung geht beispielsweise davon aus, dass pflanzliches Fleisch bis zum Jahr 2040 zum Mainstream wird – fantastische News für die rund 85 Milliarden Nutztiere, die allein für die Lebensmittelproduktion unter schrecklichen Bedingungen gehalten werden.

Meine persönliche Freude bezüglich dieser Veränderungen richtet sich weniger auf den wachsenden Markt an Fleischalternativen und veganem Käse als vielmehr darauf, dass das Interesse an kreativer pflanzlicher Küche wieder zunehmen wird. Denn das ist genau das, was ich liebe! Ich feiere den kulinarischen Umgang mit Gemüse, Kräutern, Salaten und Früchten. Ich brenne dafür, Getreide, Hülsenfrüchte und Nüsse lecker auf den Teller zu bringen. Es muss Spaß machen, verlockend duften und nach »mehr« schmecken. Es muss alltagstauglich sein und sich unkompliziert in unser Leben integrieren lassen!

Dafür steht dieses Buch – dafür stehe ich.

Deshalb noch einmal:
Let's eat the world better!

ESTELLA SCHWEIZER

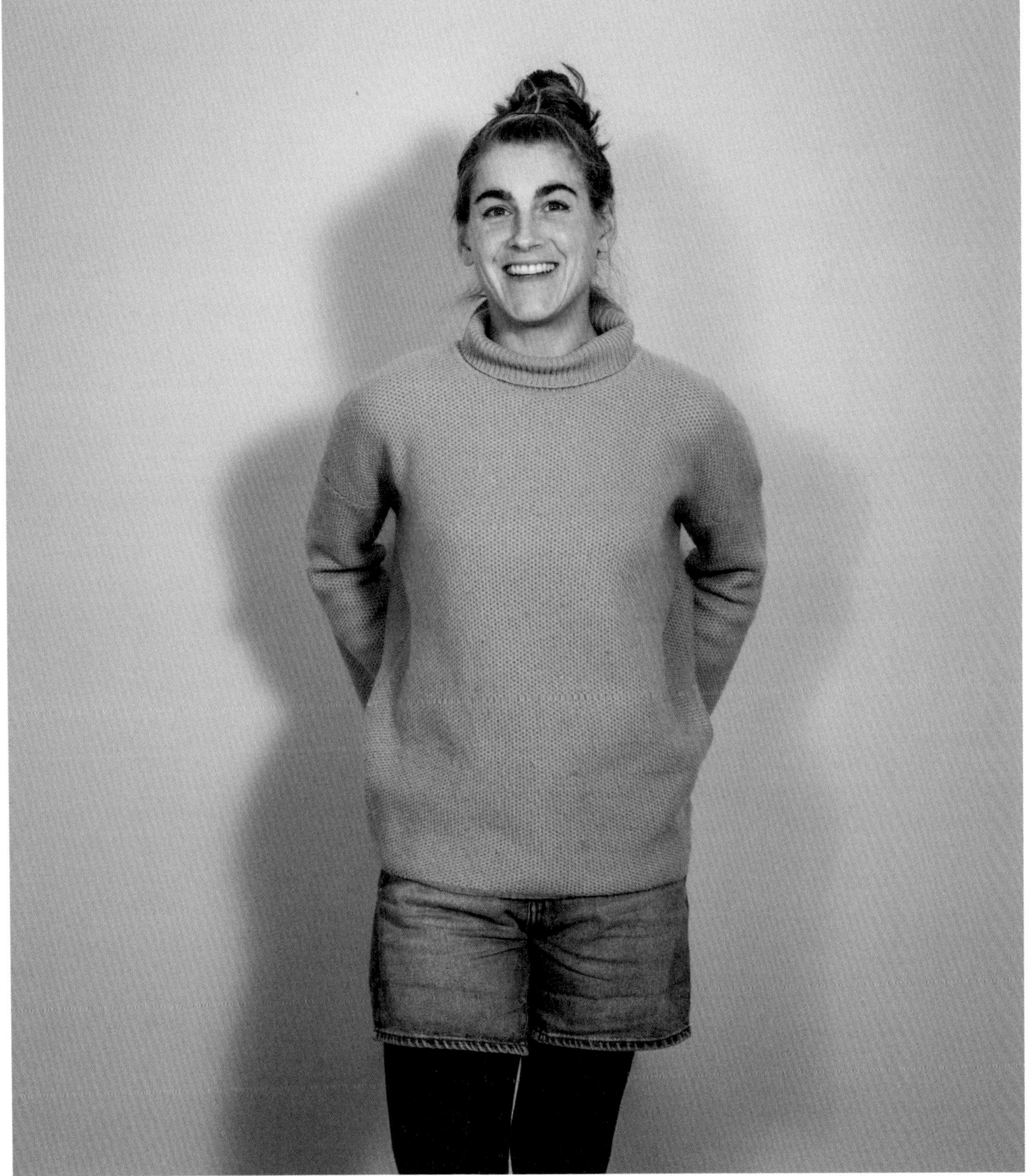

»WIR PFLEGEN UND ENTWICKELN DIE BESTEN WISSENSCHAFTLICHEN GRUNDLAGEN ZUR EINSCHÄTZUNG DER UMWELTWIRKUNG DER NAHRUNGSMITTEL.«

Manuel Klarmann | Eaternity

RETTET DEN PLANETEN – UNSERE ERNÄHRUNG UND DAS KLIMA

Nichts anderes konsumieren wir so häufig wie Nahrung. Das macht unser Essverhalten in Bezug auf den ökologischen Fußabdruck so relevant. Unsere Ernährung spielt in alle anderen Lebensbereiche des Menschen hinein und verbindet alles mit allem.

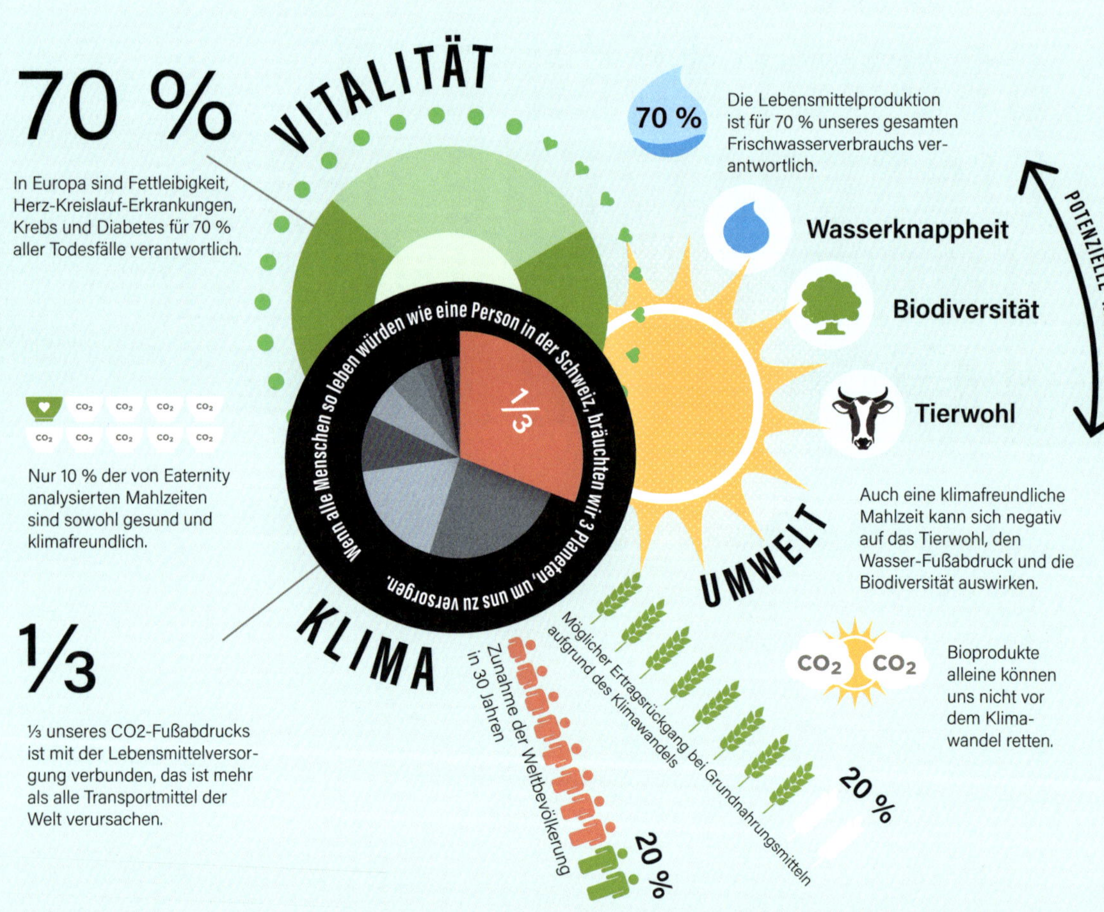

WAS HAT UNSERE ERNÄHRUNG MIT DEM KLIMAWANDEL ZU TUN?

Unsere Lebensmittelversorgung verursacht über 34 Prozent aller Treibhausgasemissionen weltweit.[1] Oft liest man von 21 Prozent Klimagasen, die durch Landwirtschaft und Viehhaltung entstehen. Mit geschärftem Blick betrachtet – wenn alle vor- und nachgelagerten Prozesse, die mit der Lebensmittelindustrie in Zusammenhang stehen, hineingerechnet werden –, landen wir sogar bei 37 Prozent Klimagase in Bezug auf unser Ernährungsverhalten. Tierische Produkte machen hiervon zwischen 58 Prozent[2] und 78 Prozent[3] aus – also enorm viel!

<u>Food Fact:</u> Kein Fortschritt im Transportwesen und keine Energierevolution bergen ein vergleichbares Potenzial, den Klimawandel zu stoppen, wie eine intelligente Lebensmittelwahl. Jede*r von uns kann sofort damit beginnen, anders zu essen – unabhängig von Politik, Industrie, Wirtschaft, Wohnraum, Arbeitsplatz und Alltagsherausforderungen.

Würden alle Bewohner*innen der reichen Industrienationen mindestens dreimal pro Woche klimafreundlich essen, hätten wir die gleiche Menge an Treibhausgasen eingespart, wie wenn ein Sechstel weniger Autos auf unseren Straßen fahren würden. Jeder Deutsche verbraucht im Durchschnitt pro Jahr um die 11,2 Tonnen CO_2-Äquivalente.[4] Mit der Maßeinheit CO_2-Äquivalent (CO_2-e) fasst man die Klimawirkung der unterschiedlichen Treibhausgase (CO_2, Methan und Lachgas) zusammen. Um das 2-Grad-Ziel zu erreichen, müssten wir unsere Emissionen laut wissenschaftlicher Analysen auf 1 Tonne CO_2 pro Kopf pro Jahr reduzieren. Unvorstellbar, richtig?

Der ökologische Fußabdruck der Nationen rund um den Globus klafft extrem weit auseinander. In der Grafik sind lediglich die CO_2- Emissionen dargestellt, nicht die CO_2-Äquivalente, die wir vom Vergleich von Lebensmitteln kennen.[5]

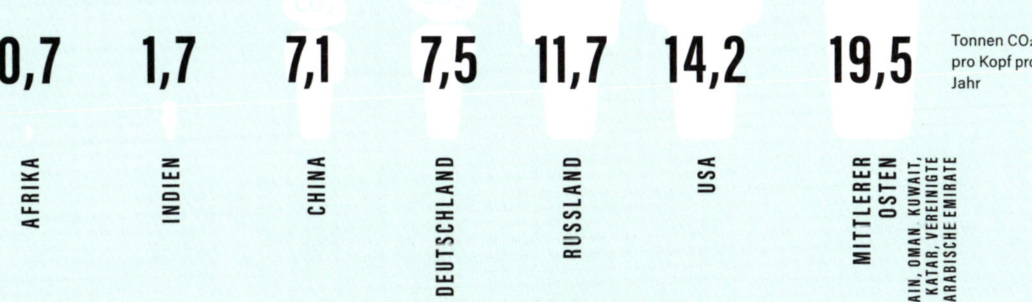

Die Auswirkungen des Klimawandels bekommen leider insbesondere die Menschen zu spüren, die zu den globalen Klimagasemissionen am wenigsten beitragen. Reichtum und Wohlstand der westlichen Welt basieren auf der Ausbeutung anderer Nationen und Kontinente. Es ist längst an der Zeit, das zu ändern.

Die Lösung der Probleme im Zusammenhang mit den Zielen des Klimaabkommens von 2015 in Paris findet sich allerdings nicht in unseren Garagen oder Heizungssystemen – sie findet sich auf unseren Tellern. Oder, wie Hanni Rützler es 2023 im FOOD-REPORT ausdrückte: » Die Rettung des Planeten findet auf unseren Tellern statt. « Denn während sich nicht jede*r Bewohner*in der Industrienationen eine nachhaltige Lebensinfrastruktur leisten kann, können wir alle mehrmals täglich sehr unkompliziert genussvoll und sättigend klimafreundlich essen. Und das auch noch durchaus erschwinglich, wie Rittenau und Copien in *Vegan Low Budget*[6] bewiesen haben und ich auch in diesem Buch eindrücklich zeigen werde. Mit einer cleveren Lebensmittelwahl haben wir jeden Tag einen außergewöhnlich großen Einfluss nicht nur auf den Klimawandel, sondern generell auch auf Nachhaltigkeit, Gesundheit und Tierwohl. Mehr zum Klimawandel findest du ab Seite 202.

WARUM EINE KLIMAFREUNDLICHE ERNÄHRUNG SO GESUND FÜR UNS IST

Es ist im Grunde einfach, klimafreundlich einzukaufen und zu essen. Natürlich braucht man dazu etwas Aufmerksamkeit und Übung. Am Anfang ist vieles neu und ungewohnt, wie auch bei jedem neuen Hobby oder jeder neuen Sportart. Keiner von uns kommt als jonglierendes oder Fahrradreifen flickendes Wesen zur Welt. Alles handwerkliche Können erfordert etwas Zeit und Muße – und Kochen ist durchaus ein Handwerk. Ein Handwerk, das uns befähigt, gut für uns zu sorgen, und das uns gleichzeitig glücklich macht. Probier es aus! Innerhalb kurzer Zeit werden heute noch unbekannte oder kompliziert erscheinende Abläufe zur Routine, und wir entwickeln neue Fertig- und Geschicklichkeiten. Unserem Kopf tut es gut, sich mit neuen Herausforderungen zu beschäftigen, und unserem Körper tut es gut, vollwertig ernährt zu werden.

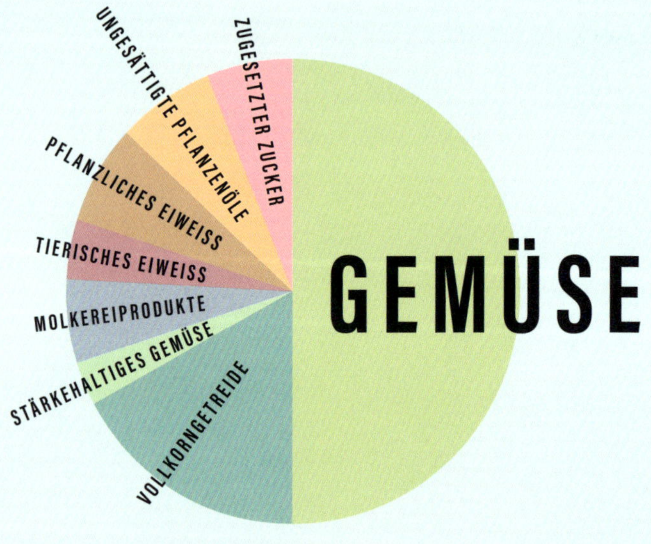

Wenn wir unsere Essgewohnheiten den Gesundheitsempfehlungen der Deutschen Gesellschaft für Ernährung (DGE), vor allem aber denen der EAT-Lancet Commission anpassen, reduzieren wir unseren negativen Einfluss auf das Klima automatisch um bis zu 35 Prozent. Zum Kernteam der EAT-Lancet Commission gehören 37 weltweit führende Wissenschaftler*innen aus 16 Ländern mit unterschiedlichem Background. Aufgabe der Kommission ist es, einen wissenschaftlichen Konsens zu finden, in dem die Ziele für eine gesunde Ernährung und eine zugleich nachhaltige Lebensmittelproduktion festgelegt werden.

Die Kommission empfiehlt in ihrer »Planetary Health Diet«[7], den Verzehr tierischer Produkte auf ein Viertel der bis dato in Deutschland etablierten Menge zu reduzieren, um die eigene Gesundheit langfristig zu bewahren und den Planeten zu erhalten. Unterm Strich bedeutet das etwa 100 Gramm rotes Fleisch und 200 Gramm Geflügel pro Woche und maximal 250 Gramm Milchäquivalente pro Tag. Unter Milchäquivalent versteht man das Maß an flüssiger Milch, die für ein Milchprodukt benötigt wird. Für 1 Kilogramm Frischkäse sind das zum Beispiel rund 4 Liter Milch, für 1 Kilogramm Hartkäse rund 13 Liter.

Auch die DGE legt jedem von uns nahe, den Konsum von Fleisch und Milchprodukten auf ein Drittel zu verringern, also nur noch maximal 300 bis 600 Gramm Fleisch pro Woche zu verzehren und den Konsum von Milchprodukten deutlich einzuschränken.[8] Im selben Atemzug fordert sie dazu auf, den Verzehr von Hülsenfrüchten und Nüssen mindestens zu verdreifachen.

RESSOURCEN FAIR VERTEILEN

Mit 671 Millionen Übergewichtigen im Jahr 2021[9] ist Übergewicht das größte Gesundheitsproblem weltweit. Und dieses Problem bringt weitere mit sich, denn direkte Folgen davon sind Diabetes mellitus, Herz-Kreislauf-Erkrankungen, Krebs, Gelenkprobleme und vieles mehr. 2019 gingen weltweit 256 Millionen Lebensjahre durch eine ungesunde Ernährung verloren, die noch dazu zu den erwähnten Folgeerkrankungen führt. Diabetes, Herz-Kreislauf-Erkrankungen und Krebs sind für 70 Prozent aller Sterbefälle in Europa verantwortlich.[10]

Gleichzeitig leiden Hunderte Millionen Menschen Hunger.[11] Eine intelligent konzipierte Ernährung könnte weltweit Ernährungsgerechtigkeit und eine gesunde Lebensweise sicherstellen, ohne dabei Essen zu verschwenden. Denn Ressourcen sind vorhanden – sie sind nur nicht fair verteilt. Wir haben sogar so viel Getreide-, Soja- und Ölsaaten im Überfluss, dass wir über 85 Milliarden Nutztiere jährlich in die Fettleibigkeit mästen, während es Milliarden Menschen an einer ausgewogenen Ernährung mangelt. Hierfür gibt es keine Entschuldigung. Mehr zu den Gesundheitsvorteilen einer nachhaltigen Ernährung findest du auf den Seiten 207 und 208.

WASSERKNAPPHEIT – EIN ZUNEHMENDES PROBLEM

Zwar haben wir zum heutigen Zeitpunkt weltweit noch genügend Frischwasserressourcen, doch ist das Wasser nicht gleichmäßig auf der ganzen Welt verfügbar. Bereits heute leben auf unserem Planeten schon knapp 700 Millionen Menschen ohne sauberes Wasser.[12] Sie müssen lange Strecken für Trinkwasser zurücklegen, und aufgrund der unkontrollierten Wasserqualität riskieren sie Krankheiten und beeinträchtigen ihre Gesundheit. Ergänzend ist auch hier zu erwähnen, dass in Tiermastanlagen täglich über 85 Milliarden Tiere getränkt werden – während andere Lebewesen keinen Zugang zu sauberem Trinkwasser haben.

Und auch für den Anbau von Nahrungsmitteln sowie in der Lebensmittelindustrie wird weiteres Frischwasser benötigt. Um dieses Problem zu bekämpfen, müssen wir die weltweite Abhängigkeit von knappem Wasser um 50 Prozent reduzieren, von 182 Liter knappem Wasser (pro Tag und pro Person) auf 91 Liter. Die Landwirtschaft braucht 70 Prozent des zur Verfügung stehenden Wassers, vor allem für Bewässerung. In Regionen, die unter Wasserknappheit leiden, ist dies problematisch. Mehr zum Wasserfußabdruck und was blaues, grünes und graues Wasser ist, erfährst du auf Seite 209.

REGENWALD UND SOJA

Die Fläche tropischen Regenwalds schrumpft beständig. Statistiken zufolge war die Regenwaldfläche im Jahr 1950 noch ungefähr doppelt so groß.[13] Obwohl tropische Regenwälder heute nur noch 6,5 Prozent der Landfläche der Erde bedecken,[14] erfüllen sie wichtige Aufgaben für das ökologische Gleichgewicht des Planeten. Sie sind die Heimat von zwei Dritteln aller Arten der Welt, versorgen uns mit Süßwasser und beeinflussen lokale und globale Klima- und Wettermuster. Da sie riesige Mengen an CO_2 aus der Luft binden, werden sie auch »die Lunge unseres Planeten« genannt.

Wir zerstören den Regenwald mit einer Geschwindigkeit von einem Fußballfeld in 90 Sekunden.[15] Und das schwächt die Widerstandsfähigkeit der noch vorhandenen Regenwälder so sehr, dass sie aktuellen Forschungen zufolge bedrohlich nah an kritische Kipppunkte kommen.[16] Überschreiten wir diese Kipppunkte, verliert das Regenwaldbiotop die Fähigkeit der Regeneration und kann nicht überleben. Die daraus resultierenden Konsequenzen sind fatal.

Hauptbetreiber der Abholzung sind die Soja- und Palmölproduktion. 75 bis 80 Prozent aller Sojabohnen werden an Tiere verfüttert. Jedes zweite Produkt im Supermarkt enthält Palmöl. Es sind nicht die Tofu-Esserinnen und Sojamilch-Genießer, die die Regenwälder der Erde auf dem Gewissen haben, sondern diejenigen, die konventionelle tierische Produkte aus Masttierhaltung verzehren. In 1 Kilogramm Rindfleisch stecken 230 Gramm Sojamehl, in 1 Kilogramm Schweinefleisch fast 650 Gramm und in 1 Kilogramm Hühnerfleisch sogar 967 Gramm.[17]

TIERWOHL – WAS BEDEUTET TIERE ESSEN?

Auf der Erde lebten im Jahr 2020 etwa 7,8 Milliarden Menschen und mehr als 85 Milliarden Nutztiere. Auf jeden Menschen kamen also zehn Tiere, die in erschreckender Geschwindigkeit gemästet und geschlachtet wurden. Wild lebende Tiere gibt es dagegen weit weniger. Nur zwei von drei Menschen hätten ein Wildtier um sich herum, aber fast jeder Mensch hätte ein Haustier, wenn diese gleichmäßig verteilt wären.

In Anbetracht des gewaltigen industriellen Komplexes, der erforderlich ist, um die Erzeugung von Fleischprodukten, Eiern, Käse und Milch aufrechtzuerhalten, wird klar, welchen massiven Einfluss die Masttierhaltung auf das ökologische Gleichgewicht des Planeten hat. **Und wir dürfen nicht vergessen, dass wir hier von Lebewesen sprechen. Das Leid, das sich verhindern ließe, wäre enorm.**

WAS WENIGER FLEISCHVERBRAUCH BEWIRKT

TREIBHAUSGASEMISSIONEN IN MILLIONEN TONNEN

PRO-KOPF-VERBRAUCH* IN KILOGRAMM

*Verbrauch: Gewicht vor Schlachtung

Folgen einer Reduktion des Fleischverzehrs auf durchschnittlich 600 Gramm pro Person und Woche gemäß Empfehlungen der Deutschen Gesellschaft für Ernährung und daher Senkung um 48 Prozent, für 2017 berechnet.

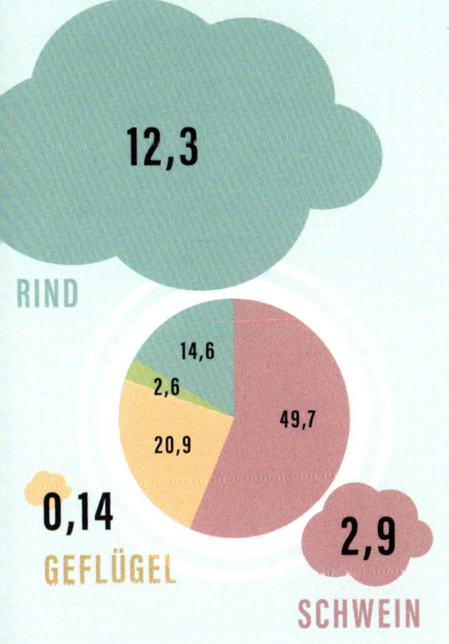

-48%

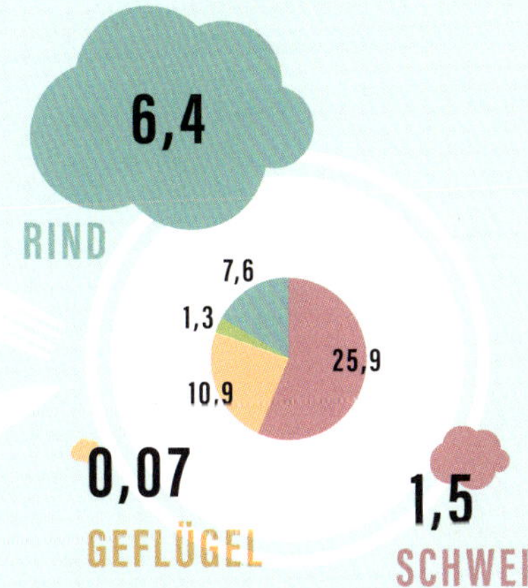

DIE BASICS IN DER KÜCHE

Du erleichterst dir das Kochen ganz enorm, wenn du nicht nur einige haltbare Lebensmittel spontan zur Hand hast, sondern auch in das eine oder andere Küchengerät investierst, das du zum Kochen mit pflanzlichen Zutaten immer wieder brauchen wirst. Im Folgenden findest du Tipps zur Grundausstattung in Kühlschrank, Küchenschrank und Vorratsschrank.

GRUNDAUSSTATTUNG LEBENSMITTEL

Für Salatsaucen und Marinaden greife ich zu einem milden **Apfelessig** und dem etwas neutraleren **Condimento bianco**, außerdem zu einem hochwertigen **Aceto balsamico**, den ich gern auch pur verwende.
Als Öle habe ich ein **natives Olivenöl**, mildes **Rapsöl** und eine Flasche **Leinöl** im Kühlschrank. Zum scharfen Anbraten nehme ich **Kokosöl**.
Kürbiskernöl, **Walnussöl** oder **Haselnussöl** verwende ich nur gelegentlich.
Sehr wichtig finde ich **Sojasauce** (in meinem Fall die glutenfreie **Tamari**) und einen süßen, milden **Reisessig** (Mirin und Genmai Su). Sehr gern verwende ich auch **Ume Su**, die säuerlich-salzige Umeboshi-Pflaumensauce.

Zur Grundausstattung an Gewürzen gehören **gemahlene Kurkuma**, **edelsüßes Paprikapulver**, **Cayennepfeffer**, **gemahlener Kreuzkümmel**, ein mildes **Currypulver**, **Anis-, Fenchel**- und **Koriandersamen** sowie ganzer Kreuzkümmel. Außerdem sollten auch **Senfkörner** (**gelb** und **schwarz**) vorrätig sein.
Gern verwende ich das sogenannte **Schwarzsalz** (Kala Namak – für etwas Eigeschmack) und ein **Rauchsalz** sowie **geräuchertes Paprikapulver**.
Neben trockenen gemahlenen Gewürzen habe ich immer eine **Misopaste** im Kühlschrank und natürlich **Senf** (**grobkörnig**

und **mittelscharf**). Mit **Hefeflocken** gebe ich manchen Speisen etwas mehr Tiefe, wenn ich das möchte.

Als Getreide habe ich ganze **Hirse, Risottoreis, Buchweizen, Kochdinkel** und **Polenta** vorrätig, und als Mehle **Buchweizenmehl, Kastanienmehl** und **Reismehl** sowie einen **glutenfreien Mehl-Mix** oder **Dinkelmehl**. Und als Flocken natürlich **Haferflocken**.

Ungekochte **Hülsenfrüchte** finden sich als **gelbe** oder **rote Linsen** sowie **Belugalinsen** in meinem Vorratsschrank. Darüber hinaus stehen dort noch **weiße Bohnen** als Konserve (weil ich die am liebsten mag) für ein schnelles Hummus oder andere Dips. Sehr praktisch zuzubereiten sind außerdem **Soja**- und **Sonnenblumenkern-Schnetzel**.

Für die schnelle Küche brauche ich **Pasta, Couscous** (auch **Kichererbsen-Couscous**), **Bulgur** und gegebenenfalls Fertigmischungen für **Falafel** oder **Bratlinge**.

GRUNDAUSSTATTUNG KÜCHENGERÄTE

Im Alltag nutze ich meist nur große **Gemüsemesser** und ein kleines **Obstmesser**, außerdem ein **Brotmesser**. Als Unterlage verwende ich am liebsten **Schneidbretter aus Holz**.
An elektrischen Küchengeräten darf bei mir der **Hochleistungsmixer** nicht fehlen, ebenso wenig wie mein kleiner **Blender** für eine schnelle Kaffeemilch aus Nussmus, Haferdrinkpulver und warmem Wasser sowie für Salatsaucen. Teige knete ich meist von Hand – gelegentlich nutze ich dafür aber auch meine **Küchenmaschine**. Ich habe eine **Brotbackform** und eine **Springform** sowie ein **Muffinblech**.

Zum Raspeln und Hobeln von Gemüse zum Beispiel für Salate finden sich eine **Reibe** und ein **Hobel** in meiner Schublade. Ebenso finden sich dort ein **Sparschäler**, ein **Schneebesen**, ein **Kochlöffel aus Holz** und ein **Dosenöffner**.

Ich koche gern in **großen Töpfen** und **Pfannen**, denn sie bieten Platz zum Schwenken und Wenden von Brat- und Gargut. Drei unterschiedlich große Töpfe und zwei Pfannen, eine kleine und eine große, sind für die Alltagsküche völlig ausreichend.

Zum Aufbewahren von Resten oder Lebensmitteln aus dem Unverpackt-Laden verwende ich große **Gläser** und **Tupperware**.

KLIMA-FREUNDLICH KOCHEN LEICHT GEMACHT

10 GOLDENE REGELN

SO WENIG VOM TIER WIE MÖGLICH

Tierische Lebensmittel haben in Summe eine der nachteiligsten Auswirkungen auf das Klima. Zum einen ist es die verschwenderische Wertschöpfungskette bis zur Schlachtreife der Tiere, die hier zu Buche schlägt. Der Futtermittelanbau frisst Wasserressourcen und Landfläche in 10- bis 20-facher Menge vom Rohprodukt und emittiert Klimagase durch die Düngemittelanwendung. Die konventionelle Tiermast ist Hauptverursacher der Regenwaldabholzung: 80 Prozent der weltweit erzeugten Sojaernte dient der Tiermast, 18 Prozent landen in der Industrie und nur 2 Prozent werden vom Menschen verzehrt. Zudem werden in Deutschland rund 60 Prozent der Getreideernte sowie 60 Prozent der Ernte an Ölsaat in die Futtermittelproduktion eingeschleust.[18]

Der Umweg (und die Verschwendung von Kalorien) über den tierischen Organismus ist zur heutigen Zeit überflüssig geworden – denn wir haben andere Möglichkeiten, unseren Nährstoffbedarf zielgerecht und effizient zu decken. Eine interessante Lösung, um unsere Gewohnheiten umzustellen, bieten moderne Ersatzprodukte aus Pflanzenproteinen. Milch, Käse, Fleisch, Eier et cetera gibt es nahrhaft, lecker, günstig sowie angereichert mit Mineralstoffen und Vitaminen, ohne dass ein Tier dafür notwendig wäre. Tatsächlich sind diese Produkte unterschiedlich komplex verarbeitet und es lohnt sich, genau hinzuschauen; aber als Anstoß zum gesellschaftlichen Umschwung sind sie nicht zu unterschätzen. Wahrscheinlich sind sie sogar die größte Hoffnung, die wir haben, weil es vielen an Zeit und Muße fehlt, ein Kochbuch aufzuschlagen.

HÜLSENFRÜCHTE – GERN OFT AUF DEN TELLER

Hülsenfrüchte sind sehr gesund und liefern uns hochwertige Proteine, komplexe Kohlenhydrate sowie jede Menge darmgesunde Ballaststoffe. Und die Klima-Pluspunkte? Die Pflanzenfamilie der Hülsenfrüchte ist für den Ackerbau extrem wertvoll, da sie Stickstoff bindet und in den Ackerboden zurückführt. Das steigert die Bodenfruchtbarkeit. Stickstoffbindende Pflanzen arbeiten mit Bakterien im Boden zusammen, fangen atmosphärischen Stickstoff ein und wandeln diesen in bioverfügbare Nitrate um. Damit steigt der Nährstoffgehalt ebenso wie die Anzahl von Mikroorganismen im Boden. Darüber hinaus fällt es den Böden im Allgemeinen leichter, Nährstoffe zu halten.

REGIONAL UND SAISONAL

Lokale Wertschöpfungskreisläufe gewinnen wieder an Attraktivität, und das ist auch gut so. Gerade wenn globale Lieferketten gefährdet sind und uns die Welt wieder ein bisschen in unsere Grenzen zurückstupst, wird sichtbar, wie wertvoll die Gemüsekiste aus der Region oder der Besuch auf dem Wochenmarkt ist. Wichtig dabei ist, dass kein Gewächshaus beheizt werden musste – auch auf dem Wochenmarkt schleichen sich immer wieder beheizte Produkte ein. In der Region produzierte Lebensmittel, die keine langen Transportwege hinter sich haben oder über den halben Globus geflogen sind, haben den geringeren ökologischen Fußabdruck.

Der globale Handel ist jedoch nicht grundsätzlich zu verteufeln. Wir sind als Menschheit zu einer Weltgemeinschaft zusammengewachsen, und Handelsstrukturen haben sich über Jahrhunderte hinweg entwickelt. Wichtig ist es letztlich, genau hinzusehen, die gesamte Lieferkette im Blick zu behalten und sich verantwortungsvoll damit auseinanderzusetzen, wo die Lebensmittel erzeugt werden und unter welchen Bedingungen das geschieht. Nur wenn der Handel für alle Teilhabenden im globalen Netzwerk gerecht und bedarfsdeckend ist, kann langfristig etwas Gutes dabei entstehen.

ÖKOLOGISCHE LANDWIRTSCHAFT UNTERSTÜTZEN: BIO HAT PRIO

Über ökologische Landwirtschaft und biologisch erzeugte Lebensmittel wird viel diskutiert. Aber warum? Konventionelle Landwirtschaft laugt die Böden aus, konventionelle Düngemittel (mineralischer Stickstoffdünger) belasten das Grundwasser und die konventionelle Tiermast ist zu über 80 Prozent für die Abholzung der Regenwälder verantwortlich.[19]

Gleichzeitig ist der Preis für konventionell erzeugte Lebensmittel oft günstiger. Das macht sie für Verbraucher*innen attraktiver. Wenn wir jedoch alle Kosten mit einberechnen, die nachgelagert anfallen, um verursachte Schäden wieder auszubügeln, ist der wahre Preis konventionell erzeugter Lebensmittel langfristig für jede*n von uns viel höher. Außerdem kann man sich durchaus bio und trotzdem preiswert ernähren. Bio-Lebensmittel sind im Vergleich zu konventionellen Lebensmitteln weniger stark im Preis gestiegen und bremsen somit sogar die Inflation.[20]

Biologisch erzeugte Lebensmittel erhalten die Bodenfruchtbarkeit und bewahren die Humusschicht von Agrarland. Bio-Landwirtschaft schont das Grundwasser und kann dazu beitragen, die Biodiversität zu erhalten. Zahlreiche Untersuchungen, Forschungsprojekte und Studien belegen darüber hinaus, dass die Ertragssicherheit in Langzeitperspektive besser ausfällt. Konventionell bewirtschaftete Flächen liefern zwar kurzfristig höhere Erträge, doch nach einer Weile sind die Böden häufig so ausgelaugt, dass wertvolles Agrarland verloren geht.

Schwierig ist, dass bei der Fleisch- und Milchproduktion in der ökologischen Landwirtschaft mehr Treibhausgase ausgestoßen werden, weil die Tiere länger leben dürfen. 500 Gramm Methan stößt eine Kuh am Tag aus. Hier gerät die ökologische Landwirtschaft in den Konflikt mit der Klimakrise, lösen lässt sich der Knoten nur, indem auch hier in Zukunft grundsätzlich weniger auf Viehwirtschaft gesetzt wird.

VERPACKUNGSMÜLL REDUZIEREN

Um Verpackungsmüll zu reduzieren, kann man in den Unverpackt-Laden gehen oder an einer Unverpackt-Theke im Biosupermarkt einkaufen. Für viele Menschen ist das jedoch im Alltag kaum umzusetzen. Einfacher ist da der Griff zum Pfandglas oder zur Vorratspackung – Letzteres natürlich nur, wenn die Lebensmittel auch aufgebraucht werden und kein Food Waste entsteht. Ebenfalls praktisch für unverpacktes Einkaufen sind sogenannte Food Coops, Lebensmittelkooperativen, in denen sich die Mitglieder Großgebinde an Getreide, Hülsenfrüchten oder Nüssen teilen.

NÜSSE UND SAMEN MIT AUGENMASS GENIESSEN

Nüsse zu ernten findet aus Klimaperspektive ambivalenten Zuspruch, weil sie meist aus weiter Ferne kommen und kritische Anbau- oder Bewässerungsbedingungen mitbringen. Hier sind zwei ergänzende Blickwinkel wichtig, immer vorausgesetzt, es werden fair gehandelte und biologisch angebaute Nüsse verzehrt.

Zum einen wachsen Nüsse auf Bäumen und sichern allein durch ihren Anbau den Baumbestand in vielen Anbauregionen der Welt, mitsamt Erosionsschutz und Mikroklima. Zum anderen können wir selbst bei langen Transportwegen die Produzent*innen am anderen Ende der Welt als Erzeuger*innen auf Augenhöhe verstehen, die dafür sorgen, dass die Bodenfruchtbarkeit erhalten bleibt. Beides trägt positiv zum Klimaschutz bei.

Und zuletzt dürfen wir nicht vergessen, dass 95 Prozent der Nutztiere in Massentierhaltung leben und konventionell gefüttert werden – nämlich mit Sojaschrot aus Südamerika, angebaut auf ehemaliger Regenwaldfläche. Die Transportwege und Umstände, die für den Anbau von Tierfutter in Kauf genommen werden, übersteigen die von Nüssen und Ölsaaten also um ein Hundert- bis Tausendfaches.

VOLLWERTIGE GETREIDE-ALTERNATIVEN ENTDECKEN

Getreide ist für viele Menschen ein elementarer Bestandteil der täglichen Ernährung. Hier vollwertige Alternativen zu integrieren bedeutet, Getreidebeilagen wie Reis, Pasta und Brot zu hinterfragen und auch mal Buchweizen, Hirse, Dinkel oder Polenta zuzubereiten. Sie alle gibt es aus regionalem oder zumindest europäischem Anbau. Alle haben einen geringeren ökologischen Fußabdruck und weniger hohen Wasserverbrauch, verglichen zum Beispiel mit Reis aus asiatischem Anbau. Brot und Gebäck vom regionalen Bäcker können darüber hinaus eine bewusst gewählte Alternative zur Massenbackware von Bäckereiketten sein.

FOOD WASTE - EIN NO-GO

Lebensmittelabfälle entlang der Wertschöpfungskette betrachtet summieren sich auf bis zu 300 Kilogramm pro Person und Jahr,[21] beginnend mit Ernteverlusten auf dem Acker und Verarbeitungsverlusten beim Herstellungsprozess über Lebensmittelverluste im Verkaufssektor (Haltbarkeit, Druckstellen, Verpackungsfehler oder -schaden) bis hin zu Verlusten auf Konsument*innenseite (Haltbarkeit, Verderblichkeit, ungeschickte Vorratshaltung). Je weiter die Wertschöpfungskette fortgeschritten ist, desto problematischer ist der Food Waste, da ja schon jede Menge Ressourcen (und Energie) in das Produkt geflossen sind. Ein Salat, der auf dem Feld liegen bleibt (und als Dünger wieder in den Boden gearbeitet wird), ist bei Weitem nicht so schlimm wie ein Fertigprodukt oder Essensreste, die bei uns im Kühlschrank verschimmeln.

Und deren Menge ist immens. Um hier rechtzeitig gegenzusteuern, ist es ratsam, möglichst unverarbeitete Lebensmittel zu bevorzugen und regional einzukaufen. Der Biobauer aus der Region wird weniger Ernteverlust akzeptieren als ein industriell agierender Produzent. Der industrielle Verarbeitungsprozess entfällt ebenso wie das Risiko, im Lebensmitteleinzelhandel aussortiert zu werden.

Wie viel Food Waste wir im privaten Haushalt verursachen, können wir beeinflussen, und zwar sehr effektiv. Denn über 50 Prozent der Lebensmittelabfälle entlang der Wertschöpfungskette kommen aus privaten Haushalten.[22] So bedeutet » MHD « zum Beispiel » mindestens haltbar bis « und nicht » unbekömmlich ab «. Unsere Lebensmittel sind oft viel länger haltbar, als auf der Verpackung deklariert wird.

FERTIGPRODUKTE MEIDEN

Häufig ist in puncto Ernährung das, was für den Menschen gesund ist, auch gut fürs Klima – wie man an der »Blue Zones Diet«[23] sieht. Wissenschaftler*innen haben festgestellt, dass in bestimmten Regionen der Erde, Blaue Zonen genannt, die Menschen besonders alt werden; anschließend versuchten sie herauszufinden, warum das so ist. Ein nicht unerheblicher Grund war die Ernährung: Sie setzte sich aus 80 Prozent naturbelassener Zutaten zusammen, wurde regional angebaut, von Hand mit Liebe zubereitet und frisch in guter Gesellschaft genossen. Hier flossen also ökologische, ökonomische und soziale Werte ineinander.
Das Gegenteil einer »Blue Zones Diet« sind Fertigprodukte, vorverarbeitete Nahrungsmittel und zucker- sowie fetthaltige Snacks. Sie sollten, wenn überhaupt, nur selten auf den Teller kommen.

MAKE IT FUN

Nichts schenkt uns so viel Kraft, Energie und Durchhaltevermögen wie die Freude an etwas, das aus uns selbst heraus kommt. Hinzuschauen, dazuzulernen, Veränderungen zu wagen und sich Mühe zu geben – all das kostet Energie. Nimm dir Zeit aufzutanken und dich zu belohnen. Mach Ausflüge in die Natur, das hilft dir dabei, dir immer wieder über dein Warum klar zu werden. Und dann überleg dir mal genau, was dir der Umstieg auf eine klimafreundlichere Lebensweise persönlich bringt, wie du davon profitieren kannst. Du wirst Geld sparen, wenn du mehr selbst kochst und weniger außer Haus isst. Du wirst dich fitter, gesünder, ausgeruhter, kraftvoller, motivierter und ausgeglichener fühlen. Deine Haut verbessert sich. Vielleicht nimmst du sogar etwas an Gewicht ab – oder gesundes Gewicht zu. Es fühlt sich gut an, weniger Müll zu Hause zu produzieren und die demotivierenden, ernüchternden Müllmengen zu vermeiden. Du bist ein tolles Beispiel für Freunde und Familie. Wenn du Kinder hast, werden sie dich bewundern und stolz auf dich sein. Du wirst einen entscheidenden Beitrag zu den Klimathemen der nächsten Generation leisten. Du (b)is(s)t zukunftsreif …

Was davon motiviert dich am meisten?

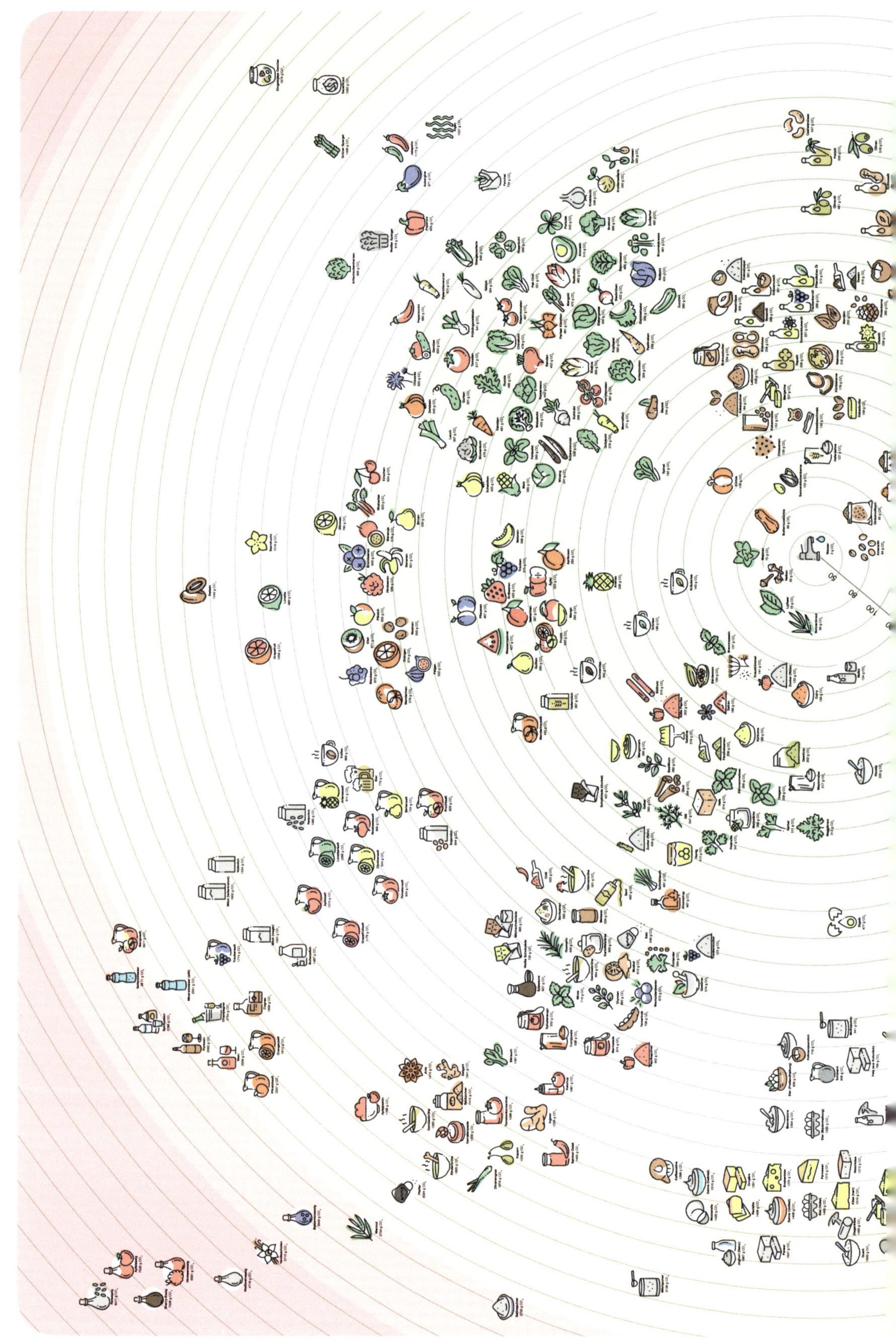

360 420 450 480 500 550 620 700 800 1000 1100 1250 1400 1550 1710 1880 2100 2400 2700 3000 3300 3800 4400 5100 5900 6800 7700 8900 10 300 11 900 13 700 15 700 18 100

★★★

★★☆

★☆☆

☆☆☆

Legende

★★★ Im Ziel der klimafreundlichen Ernährung (50 % besser als der Durchschnitt)
★★☆ Besser als der Durchschnitt
★☆☆ Schlechter als der Durchschnitt
☆☆☆ 200 % schlechter als der Durchschnitt

Der CO_2 Wert ist in Gramm CO_2-Äquivalente, jeweils für die Menge Produkt angegeben, welche ein Drittel des Tagesbedarfs abdeckt.

Der Durchschnitt basiert auf über 100 000 berechneten Produkten und deren Konsumstatistik.

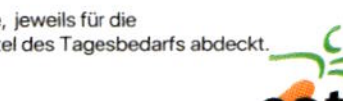

SO GUT SCHMECKT KLIMA-FREUND-LICHES KOCHEN

DIE REZEPTE

FRÜHLING

FRÜHLINGS-BRUSCHETTA MIT ERBSEN-GUACAMOLE UND KRESSE

40 MIN. FÜR 4-6 PERSONEN

- **400 g TK-Zuckererbsen**
- **400 g altbackenes Brot**
- **mildes Rapsöl zum Bepinseln der Brotchips**
- **2 Knoblauchzehen**
- **1–2 milde Peperoni**
- **6 EL Zuckermaiskörner**
- **4 EL Kürbiskerne**
- **abgeriebene Schale und Saft von 1 Bio-Zitrone**
- **4 EL milder heller Essig**
- **Salz**
- **frisch gemahlener schwarzer Pfeffer**
- **1 Schachtel Kresse, vorzugsweise selbst gezogen**

Die Zuckererbsen in einem kleinen Topf mit wenig Wasser aufkochen und 10 Minuten garen. Abgießen und etwas abkühlen lassen.

Für die Brotchips das Brot von Hand oder mit der Brotschneidemaschine in etwa 1 Millimeter dünne Scheiben schneiden. Auf einem Backblech – nach Belieben mit einer Backmatte belegt – verteilen und mit Rapsöl bepinseln. Bei 170 °C (Umluft) in 20–25 Minuten im Backofen crispy backen.

Währenddessen für die Erbsen-Guacamole Knoblauch abziehen und sehr fein schneiden. Die Peperoni längs halbieren, entkernen und in feine Streifen schneiden. Den Zuckermais in ein Sieb geben und abtropfen lassen. Die Kürbiskerne in einer kleinen Pfanne ohne Fett anrösten. Die Zuckererbsen in einen hohen Behälter umfüllen und mit dem Stabmixer grob pürieren. In eine Schüssel geben und Knoblauch, die Hälfte der Peperonistreifen, 4 EL Zuckermais, Zitronensaft und Essig unterrühren. Mit Salz, Pfeffer und etwas Zitronenschale würzen.

Die Kresse waschen und vom Beet schneiden. Die Guacamole dick auf die crispy gebackenen Brotchips streichen und mit gerösteten Kürbiskernen, etwas Zitronenschale, den restlichen Peperonistreifen, dem restlichen Zuckermais, reichlich Pfeffer sowie Kresse bestreut servieren.

CLIMATE FACT

BRUSCHETTA IST EINE DER BELIEBTESTEN VORSPEISEN ÜBERHAUPT – UND GERADEZU PERFEKT, UM ALTES BROT ZU VERWERTEN UND VOR DER TONNE ZU RETTEN. DA ES IM FRÜHLING KEINE KLIMAFREUNDLICHEN REGIONALEN TOMATEN GIBT UND AUCH SONST NOCH KAUM ETWAS WÄCHST, GREIFEN WIR AUF TK-ERBSEN UND FRISCH GEZOGENE KRESSE ZURÜCK, UM DIESE BRUSCHETTA AUF DEN TELLER ZU ZAUBERN.

RADIESCHEN-CARPACCIO MIT GRÜN UND HANFSAMEN

30 MIN. FÜR 4 PERSONEN

- **2 Bund Radieschen mit Grün**
- **Fleur de Sel oder ein anderes grobes Salz**
- **1 kleiner Chicorée**
- **50 ml milder Apfelessig**
- **50 ml Apfelsaft; alternativ Orangensaft oder Wasser**
- **50 ml Hanfsamenöl + etwas mehr zum Beträufeln**
- **1 TL scharfer Senf**
- **1 EL Agavendicksaft oder Ahornsirup**
- **1–2 EL Hefeflocken**
- **1 TL Cashew- oder Mandelmus**
- **4 EL geschälte Hanfsamen**

Die Radieschen von den Blättern trennen und das Grün in einer großen Schüssel vollständig mit eiskaltem Wasser bedecken. (Meist ist das Grün etwas welk und kann so innerhalb von 10 Minuten prima reaktiviert werden.) Die Radieschen waschen und in 5 Millimeter dicke Scheiben schneiden oder hobeln. Auf vier großen Tellern auffächern, mit reichlich Fleur de Sel bestreuen und etwas ziehen lassen.

Inzwischen die Radieschenblätter abgießen und solche, die nicht mehr appetitlich aussehen, aussortieren. Den Chicorée längs halbieren und quer in sehr dünne Streifen schneiden. Mit den Radieschenblättern vermengen.

Aus Essig, Saft, Öl, Senf, Agavendicksaft, Hefeflocken und Nussmus mit dem Pürierstab oder im Blender ein cremiges Dressing mixen. Über den Radieschenblatt-Chicorée-Salat träufeln und jeweils mittig etwas Salat auf das Radieschen-Carpaccio setzen. Alles großzügig mit Hanfsamen bestreuen und etwas zusätzliches Hanföl darüberträufeln.

CLIMATE FACT

CARPACCIO AUS RINDFLEISCH GEHÖRT ZU DEN KLIMAKILLERN SCHLECHTHIN. ZUM GLÜCK LÄSST SICH ALLES MÖGLICHE GEMÜSE ZU CARPACCIO HOBELN. HIER GESELLEN SICH ZU JUNGEN RADIESCHEN EINE EXTRAPORTION OMEGA-3-FETTSÄUREN AUS HANFSAMEN SOWIE ENTGIFTENDE BITTERSTOFFE AUS CHICORÉE UND RADIESCHENBLÄTTERN. SO MACHT DER FRÜHLING SPASS!

FRÜHLINGSKRÄUTER
MIT SESAM-ZITRONEN-DRESSING

30 MIN. FÜR 4 PERSONEN

- **200 g Wildkräutersalat, zum Beispiel Baby Leaf, Asia-Mix, Rucola, junger Mangold oder junger Spinat**
- **100 g junger Löwenzahn, wild gesammelt oder vom Bauern auf dem Wochenmarkt**
- **100 g Sprossen, vorzugsweise selbst gezogen**
- **1 säuerlicher Apfel**
- **100 g helles Tahini**
- **80 ml Zitronensaft, frisch gepresst**
- **40 ml intensiv schmeckendes natives Olivenöl**
- **1 EL Ahornsirup oder Agavendicksaft**
- **1 TL Salz**
- **100 g geröstete Kerne (Rezept siehe Seite 183)**
- **200 g Sauerkraut oder Kimchi (Rezept siehe Seite 190)**
- **Chiliflocken oder roter Pfeffer**

Wildkräutersalat und Löwenzahn waschen und gut abtropfen lassen, bei Bedarf etwas trocken schütteln. Die Sprossen gründlich waschen und ebenfalls abtropfen lassen. Den Apfel entkernen und in feine Stifte schneiden.

Aus Tahini, Zitronensaft, Olivenöl, 160 Milliliter Wasser, Ahornsirup und Salz eine cremige, sämige Salatsauce mixen. Die Kerne in einer Pfanne ohne Fett goldgelb rösten. Die Wildkräuter und den Löwenzahn mit dem Dressing beträufeln.

Auf vier Teller jeweils 50 Gramm Sauerkraut setzen, den Wildkräutersalat darüber verteilen, großzügig mit Sprossen und Apfelstiften bestreuen und die gerösteten Kerne darübergeben. Mit Chiliflocken abrunden.

Tipp

Dazu passt saftiges Fladenbrot oder eine Ofenkartoffel.

CLIMATE FACT

IM FRÜHLING WÄCHST FAST NOCH GAR KEIN GEMÜSE. DAS ERSTE ESSBARE, DAS ZU SPRIESSEN BEGINNT, SIND IN DER TAT WILDKRÄUTER, DIE MANCHE BAUERN AUCH AUF DEM WOCHENMARKT ANBIETEN, EBENSO WIE LÖWENZAHN, DER VOR DER BLÜTE WIRKLICH MILD UND AROMATISCH NUSSIG SCHMECKT. EIN EINFACHER SALAT FÜR JEDEN TAG, DER UNS NACH DEN FESTLICHEN WINTERTAGEN WIEDER AUF TRAB BRINGT.

CAESAR SALAD
IM CHICORÉESCHIFFCHEN

30 MIN. FÜR 4 PERSONEN

- **100 g Räuchertofu**
- **Öl zum Braten**
- **4 kleine Chicorée**
- **1 Bund Petersilie**
- **1 Bund Schnittlauch oder Koriander**
- **80 ml milder Weißweinessig (Condimento bianco)**
- **80 g Cashewmus**
- **100 g Sojajoghurt**
- **1 TL mittelscharfer Senf**
- **1 TL Misopaste (optional)**
- **1 Prise Salz**
- **100 g Cashew-Sonnenblumenkern-Parmesan (Rezept siehe Seite 182)**
- **200 g glutenfreie Saatencracker oder selbst gemachte Brotchips (Rezept siehe Seite 184)**

Den Räuchertofu sehr fein würfeln und in einer Pfanne mit etwas Öl knusprig braten. Das darf gute 15 Minuten dauern, die Hitze sollte dabei nicht zu hoch sein.

Inzwischen vom Chicorée jeweils die äußeren, großen Blätter abnehmen und beiseitelegen. Die Herzen in feine Streifen schneiden. Petersilie und Schnittlauch ebenfalls sehr fein schneiden. Die Chicoréestreifen und Kräuter mischen.

Aus Essig, Cashewmus, 80 Milliliter Wasser, Sojajoghurt, Senf, Misopaste und Salz eine cremige Sauce mixen. Über den Chicorée-Kräuter-Salat träufeln und dabei nach und nach 50 Gramm Cashew-Parmesan unterheben.

Den Salat auf den aufbewahrten Chicoréeblättern verteilen und diese auf Teller legen. Mit Räuchertofuwürfeln, zerkrümelten Saatencrackern sowie dem restlichen Cashew-Parmesan bestreuen und als Vorspeise servieren.

CLIMATE FACT

DER KLASSIKER CAESAR SALAD BRINGT MIT SEINER SAHNIGEN SAUCE, DEM REICHLICHEN KÄSE, DEN CROÛTONS UND GEBRATENEM SPECK ODER HÄHNCHENFLEISCH EINE ORDENTLICHE LADUNG KALORIEN MIT. UND NICHT NUR DAS: AUCH DER ÖKOLOGISCHE FUSSABDRUCK WIEGT SCHWER. MIT EINER LEICHTEN CASHEW-SALATSAUCE, WÜRZIGEM NUSS-»PARMESAN« UND PROTEINREICHEM RÄUCHERTOFU SIEHT DAS SCHON GANZ ANDERS AUS–HIER KRIEGT DER CÄSAR SEIN FETT WEG!

ROHKOST IM SALATKOPF-SCHNITZ MIT AL-DENTE-LINSEN

30 MIN. FÜR 4 PERSONEN

- 100 g Beluga-, Berg- oder französische Du-Puy-Linsen
- 1 junger Salatkopf mit locker gewachsener, offener Blattkrone
- 1 große Karotte
- 1 junger Kohlrabi mit Grün
- 1 junge Fenchelknolle
- 1 säuerlicher Apfel
- Saft von 2 Zitronen
- 100 ml mildes Rapsöl
- 50 ml Apfeldicksaft
- 50 ml aromatischer Weißwein- oder Rotweinessig
- 1 TL Salz
- 1 EL Hefeflocken
- 1 EL mittelscharfer Senf

Die Linsen waschen und in reichlich Wasser in etwa 20 Minuten al dente kochen.

Inzwischen den Salatkopf mit Wasser bedecken, damit sich Erdreste aus dem Strunk leichter auswaschen lassen. Karotte, Kohlrabi und Fenchel waschen. Kohlrabigrün in millimeterfeine Streifen schneiden und beiseitelegen. Den gewaschenen Salat kopfüber in ein Sieb legen, damit er gut abtropfen kann.

Die Karotte raspeln, den Kohlrabi stifteln und den Fenchel in dünne Scheiben schneiden. Den Apfel entkernen und in zarte Schnitze schneiden. Aus Zitronensaft, Öl, Apfeldicksaft, Essig, Salz, Hefeflocken und Senf ein aromatisches Dressing mixen; falls dieses noch nicht genug nach Senf schmeckt, gern noch mehr Senf dazugeben.

Die Linsen abgießen und in eine Schüssel geben. Die Rohkost untermengen und zwei Drittel des Dressings darüberträufeln. Den Salatkopf von der Strunkseite her in 8 Schnitze teilen. Jeweils 2 davon auf einen Teller legen und mit dem restlichen Dressing beträufeln. Den warmen Rohkost-Linsen-Salat auf den Schnittflächen verteilen und mit dem Kohlrabigrün bestreuen.

CLIMATE FACT

DIESER SÄTTIGENDE SALAT AUS DER LEICHTEN KÜCHE PUNKTET MIT EINER GROSSEN LADUNG PFLANZLICHER PROTEINE – DENN EINE KLIMAFREUNDLICHE ERNÄHRUNG BEDEUTET, WENIGER TIERISCHES PROTEIN ZU VERZEHREN UND PFLANZLICHE EIWEISSLIEFERANTEN ZU BEVORZUGEN. DAFÜR SIND LINSEN BESTENS GEEIGNET. SIE SIND SCHNELL GEKOCHT, SUPERBEKÖMMLICH UND ZUDEM REICH AN MIKRONÄHRSTOFFEN.

MISOSUPPE MIT JUNGEM GEMÜSE UND SEIDENTOFU-EI

30 MIN. FÜR 4 PERSONEN

- **400 g Suppengemüse, zum Beispiel Karotte, Knollensellerie, Pastinake, Lauch**
- **1 EL Gemüsebrühepaste, bio oder selbst gemacht (Rezept siehe Seite 188)**
- **2–4 EL Lupinen-Misopaste (Schwarzwald-MISO) oder eine andere Misopaste**
- **400 g Seidentofu**
- **Sprossen**
- **1 TL Kala Namak**

Das Suppengemüse waschen und mit dem Sparschäler in feine Streifen hobeln.

1 Liter Wasser mit der Gemüsebrühepaste zum Kochen bringen. Die Misopaste in etwas heißem Wasser glatt rühren. Mit dem Suppengemüse in die Brühe geben und das Gemüse etwa 30 Minuten darin ziehen lassen, bis es gar ist und sich die Aromen entwickeln konnten.

Die Suppe auf vier Schälchen verteilen. Den Seidentofu würfeln und mit einem Löffel vorsichtig in die Suppe setzen. Mit Sprossen bestreuen. Jeden Seidentofuwürfel mit etwas Kala Namak aromatisieren. Die Suppe heiß genießen.

CLIMATE FACT

DIE MISOSUPPE IST KÖSTLICHER BESTANDTEIL DER JAPANISCHEN KÜCHE. BESONDERS AN DEN LETZTEN KALTEN FRÜHLINGSTAGEN WÄRMT SIE WUNDERBAR UND MACHT ANGENEHM SATT. DAS ÖKOLOGISCH KRITISCHE EI, DAS MANCHMAL ALS PROTEINQUELLE IN HEISSEM MISOSUD POCHIERT WIRD, KANN UNKOMPLIZIERT DURCH SEIDENTOFU ERSETZT WERDEN. DIESER ENTHÄLT ÄHNLICH VIEL PROTEIN UND IM GEGENSATZ ZUM EIGELB KEINE GESÄTTIGTEN FETTE; ZUDEM VERURSACHT ER WENIGER CO_2-EMISSIONEN ALS HÜHNEREIER.

KOHLRABICREME SUPPE MIT GEBRATENEN ZUCKERSCHOTEN

45 MIN. FÜR 4 PERSONEN

- **4 Kohlrabi mit Grün**
- **1 EL Gemüsebrühepaste (Rezept siehe Seite 188) oder grüne Currypaste**
- **200 ml Kokosmilch**
- **Salz**
- **2 EL Reisweinessig oder Condimento bianco**
- **frisch gemahlener schwarzer Pfeffer**
- **2–4 EL Kokosöl oder mildes Rapsöl zum Anbraten**
- **200 g Zuckerschoten**
- **4 EL Aceto balsamico oder Balsamico-Reduktion**
- **gekeimter, getrockneter Buchweizen (optional, Rezept siehe Seite 183)**

Die Kohlrabiknollen schälen; das Grün waschen und beiseitelegen. Die Knollen würfeln und mit Gemüsebrühepaste, Kokosmilch, 100 Milliliter Wasser und 1 Prise Salz aufkochen. Zugedeckt bei mittlerer Hitze 15 Minuten garen.

Inzwischen das Kohlrabigrün in sehr feine Streifen schneiden.

Den gegarten Kohlrabi im Hochleistungsmixer in 60 Sekunden zu einer cremigen, schaumigen Suppe mixen. Mit Reisweinessig sowie Salz und Pfeffer würzen. Auf vier Schalen verteilen.

Das Öl in einem Wok oder einer Pfanne erhitzen und die Zuckerschoten darin 2 Minuten unter Schwenken anbraten, bis sie sattgrün leuchten. Das Kohlrabigrün dazugeben, 1 Minute unter Rühren mitbraten und beides anschließend mit Aceto balsamico ablöschen.

Die Zuckerschoten als Topping auf der Suppe verteilen, den Buchweizen darüberstreuen und genießen. Dazu schmeckt geröstetes Brot mit Chili-Limetten-Curry-Butter (Rezept siehe Seite 178).

CLIMATE FACT

DIE SAMTIG-WEICHE, SCHAUMIGE GEMÜSESUPPE IST ORIGINELL UND SÄTTIGEND – SO MACHT FRÜHLINGSKÜCHE EINFACH SPASS! INTERESSANT IST HIER, DASS 200 MILLILITER KOKOSMILCH 239 GRAMM CO_2-ÄQUIVALENT VERURSACHEN UND DAMIT TROTZ DES WEITEN TRANSPORTWEGS NUR EINEN KLEINEN ÖKOLOGISCHEN FUSSABDRUCK HABEN.

ZUM VERGLEICH:
200 ML SAHNE VOLLFETTSTUFE (35% FETT): 1167 G CO_2-ÄQUIVALENT
200 ML SAHNE HALBFETTSTUFE (25% FETT): 919 G CO_2-ÄQUIVALENT
200 ML SAHNE DOPPELRAHMSTUFE (45% FETT): 1360 G CO_2-ÄQUIVALENT

FRÜHLINGS PIZZA MIT CHICORÉE UND KÄSESAUCE

45 MIN. + 60 MIN. GEHZEIT FÜR 4 PERSONEN

- **300 g Dinkelmehl Type 630 oder Weizenmehl Type 1050**
- **1 TL + 1 Prise Salz**
- **1 TL Dicksaft nach Wahl zum Anfüttern der Hefebakterien**
- **½ Würfel Hefe oder 1 Päckchen Trockenhefe**
- **50 ml Olivenöl + etwas mehr zum Beträufeln**
- **100 g gekochte weiße Bohnen aus dem Glas**
- **60 g Cashewmus oder helles Mandelmus**
- **50 ml Weißwein**
- **2 EL Hefeflocken**
- **1 Prise gemahlene Kurkuma**
- **1 Prise Rauchsalz**
- **4 kleine Köpfe Chicorée**
- **1 Bund Frühlingszwiebeln**
- **zimmerwarme Margarine für das Backblech**
- **Zitrus-Kräuter-Salz oder Cashew-Sonnenblumenkern-Parmesan (Rezepte siehe S. 182) als Topping**

Aus Mehl, 1 TL Salz, Dicksaft, zerbröckelter Hefe, Olivenöl und 150 bis 200 Milliliter lauwarmem Wasser in der Küchenmaschine oder von Hand einen saftigen, relativ elastischen Hefeteig schlagen. Da der Teig 5 Minuten geknetet werden sollte, ist eine Küchenmaschine mit Knethaken gegebenenfalls von Vorteil. Den Teig zugedeckt an einem warmen Ort 60 Minuten gehen lassen.

Für die Käsesauce Bohnen, Nussmus, 200 Milliliter Wasser, Weißwein, Hefeflocken, Kurkuma, 1 Prise Salz und Rauchsalz mit dem Pürierstab zu einer weichen Sauce verarbeiten.

Chicorée und Frühlingszwiebeln waschen und putzen. Den Chicorée längs in Schnitze, die Frühlingszwiebeln quer in feine Ringe schneiden.

Ein tiefes Backblech gründlich mit Margarine einfetten. Den Pizzateig auf das Blech geben und mit feuchten oder eingeölten Fingern gleichmäßig darauf verteilen. Mit der Käsesauce bestreichen und mit Chicoréeschnitzen sowie Frühlingszwiebelringen belegen. Die restliche Käsesauce daraufgeben und nach Belieben mit weiteren Hefeflocken bestreuen. Die Pizza bei 170 °C Umluft 35 Minuten im Ofen backen.

Mit Zitrus-Kräuter-Salz bestreut sowie mit Olivenöl beträufelt servieren. Dazu passt ein großer, bunter Salat.

Tipp

Glutenfrei lässt sich der Teig aus 150 Gramm glutenfreiem Mehl-Mix universal und 150 Gramm Reisvollkornmehl zubereiten. Gegebenenfalls geht er nicht ganz so voluminös auf wie die Version mit Dinkel- oder Weizenmehl.

CLIMATE FACT

PIZZA IST SOULFOOD PUR UND GEHÖRT FÜR VIELE ZUM REGULÄREN SPEISEPLAN. DIE KLASSISCHE VERSION MIT REIFEN TOMATEN, SCHINKEN ODER SALAMI UND REICHLICH KÄSE WIEGT AUF DER KLIMAWAAGE JEDOCH ZIEMLICH SCHWER. UND AUCH DIE VEGETARISCHE VERSION MIT SOMMERGEMÜSE IST NUR IM SOMMER KLIMAFREUNDLICH, WENN AUBERGINE, TOMATE UND PAPRIKA BEI UNS AUCH OHNE GEWÄCHSHAUS WACHSEN. DIESE FRÜHLINGSPIZZA BEKOMMT EINE PROTEINREICHE SAUCE AUS WEISSEN BOHNEN UND CREMIGEM CASHEWMUS UND WIRD MIT FRÜHLINGSZWIEBELN SOWIE CHICORÉE BELEGT.

CREMIGE POLENTANOCKEN AUF JUNGEM SPINATGEMÜSE

45 MIN. FÜR 4 PERSONEN

Für die Polentanocken
- **250 g Polentagrieß**
- **ca. 700 ml Buchweizendrink**
- **½ TL Salz**
- **1 EL Hefeflocken**
- **50 ml Olivenöl**

Für das Spinatgemüse
- **1 kg junger Spinat**
- **1 Fenchelknolle**
- **100 g getrocknete Tomaten in Öl oder Soft-Tomaten**
- **200 g Tofu mit Oliven**
- **Olivenöl zum Braten**
- **100 ml Weißwein, Apfelsaft oder Wasser**

Für das Topping
- **optional: Cashew-Sonnenblumenkern-Parmesan oder geröstete Kerne (Rezepte siehe Seite 182 und 183)**

Für die Polentanocken Polentagrieß, Buchweizendrink und Salz nach Packungsanleitung aufkochen. Achtung: Es sollte unbedingt die auf der Packung angegebene Flüssigkeitsmenge verwendet werden, da es verschiedene Sorten Polentagrieß gibt. Hefeflocken und Olivenöl unterrühren und die Polenta zugedeckt quellen lassen.

Für das Spinatgemüse den Spinat gründlich waschen und in einem Sieb abtropfen lassen. Den Fenchel waschen, putzen, längs halbieren und in feine Scheiben schneiden. Die getrockneten Tomaten in Hälften belassen oder halbieren. Den Tofu in mundgerechte Stücke zupfen.

In einer großen Pfanne reichlich Öl erhitzen. Den Fenchel darin anbraten, die getrockneten Tomaten sowie den Tofu dazugeben und 2 Minuten mitschmoren. Mit Weißwein ablöschen. Den Spinat in die Pfanne geben, die Hitze etwas reduzieren und alles zugedeckt 10 Minuten garen. Ist die Pfanne etwas kleiner, kann der Spinat auch in zwei Portionen dazugegeben werden.

Wenn der Spinat zusammengefallen ist, den Pfanneninhalt einmal umrühren und auf vier Tellern verteilen. Die Polenta in Nocken daraufsetzen und nach Belieben mit Cashew-Sonnenblumenkern-Parmesan oder gerösteten Kernen bestreuen.

CLIMATE FACT

SPINAT KOMMT MEIST ALS RAHMSPINAT, MIT GORGONZOLA VERMENGT ODER ALS INDISCHER SPINAT IN KOMBINATION MIT BASMATIREIS AUF DEN TISCH. WIR STREICHEN DEN BASMATIREIS MAL VON DER ZUTATENLISTE, WEIL REIS ZU DEN WASSERINTENSIVSTEN GETREIDESORTEN ÜBERHAUPT GEHÖRT UND AUCH REICHLICH METHAN VERURSACHT. DA IST POLENTA EINE KÖSTLICHE UND KLIMAFREUNDLICHE ALTERNATIVE. UND DURCH GETROCKNETE TOMATEN UND OLIVENTOFU BEKOMMT UNSER SPINAT EINE ITALIENISCHE NOTE.

GRÜNE-LINSEN-CURRY MIT ERDNUSSSAUCE UND CRUNCH

45 MIN. FÜR 4 PERSONEN

- **100 g grüne Linsen**
- **80 g Sojanuggets, möglichst große**
- **1 TL mildes Currypulver**
- **1 Messerspitze Chilipulver oder Cayennepfeffer**
- **1 EL Kokosblütenzucker oder Dattelsüße**
- **1 TL Salz**
- **1 Gemüsezwiebel**
- **1 Kohlrabi**
- **mildes Rapsöl zum Braten**
- **50 g getrocknete Mangostücke**
- **80 g Erdnussmus**
- **15 ml frisch gepresster Zitronensaft**
- **20 ml Sojasauce oder Tamari**
- **50 g geröstete und gesalzene Erdnüsse**

Die Linsen mit 300 Milliliter Wasser in 15 – 20 Minuten al dente kochen. Abgießen.

Die Sojanuggets in 100 Milliliter heißem Wasser 15 Minuten quellen lassen. Auspressen. Currypulver, Chilipulver, Kokosblütenzucker und Salz zu einer Gewürzmischung verrühren. Die Sojanuggets in der Gewürzmischung wenden, dabei die Gewürze etwas einmassieren. Beiseitestellen.

Die Zwiebel abziehen und in Ringe schneiden, den Kohlrabi schälen und würfeln. In einem großen Topf das Rapsöl erhitzen und Zwiebel, Kohlrabi sowie Mangostücke rundum scharf darin anbraten. Nach 3 Minuten die Sojanuggets dazugeben und mitbraten. Die Hitze reduzieren und alles zugedeckt knapp 10 Minuten schmoren lassen, dabei gelegentlich umrühren. Falls die Mischung zu sehr ansetzt, 100 Milliliter Wasser zugießen.

Inzwischen für die Sauce aus Erdnussmus, 300 Milliliter heißem Wasser, Zitronensaft und Sojasauce eine sämige Creme mixen. Mit den Linsen zur Zwiebel-Kohlrabi-Mango-Mischung geben und alles weitere 10 Minuten köcheln lassen.

Auf vier Schalen verteilen und mit Erdnüssen bestreuen. Hierzu passt orientalische Hirse, Couscous, Kochdinkel oder Reis.

CLIMATE FACT

HIER WERDEN DIE FARBEN BELIEBTER THAI-GERICHTE AUFGEGRIFFEN, UND CREMIGE ERDNUSSSAUCE WIRD MIT SÜSSER MANGO UND EINER LEICHTEN CHILISCHÄRFE VERBUNDEN. ANSTELLE VON HÄHNCHENFLEISCH ODER FISCH LIEFERN SOJANUGGETS REICHLICH PROTEIN UND MACHEN LANGE SATT. WER AUF DIE SOJANUGGETS VERZICHTEN MÖCHTE, KANN GEWÜRFELTEN TOFU ODER TEMPEH VERWENDEN ODER ETWAS MEHR LINSEN IN DAS CURRY GEBEN.

CLIMATE FACT
SELBST GEMACHTE PASTA IST ETWAS GANZ BESONDERES: SIE MACHT VOR DEM ESSEN STOLZ UND GLÜCKLICH UND NACH DEM ESSEN WUNDERBAR SATT UND ZUFRIEDEN. FÜR UNSER PESTO VERWENDEN WIR BÄRLAUCH – ALTERNATIV GRÜNKOHL, PETERSILIE, RADIESCHENBLÄTTER ODER BASILIKUM – UND STATT PARMESAN GERÖSTETE SONNENBLUMENKERNE. DENN LEIDER GEHÖRT PARMESAN ZU DEN HARTKÄSESORTEN, DIE EINEN BESONDERS NEGATIVEN ÖKOLOGISCHEN FUSSABDRUCK HABEN. FÜR EINEN LAIB PARMESAN BRAUCHT MAN 550 LITER MILCH – AUF 1 KILOGRA HERUNTERGERECHNET SIND DAS 13,5 LITER – MIT ALLEN FOLGEN FÜRS KLIMA, DIE DIE MILCHVIEHHALTUNG ZU VERANTWORTEN HAT.

GARGANELLI
MIT BÄRLAUCHPESTO

45 MIN. FÜR 4 PERSONEN

Für die Garganelli
- **120 g Buchweizenvollkornmehl**
- **120 g Kastanienmehl**
- **40 g Maisstärke**
- **5 g Guarkernmehl**
- **2 g Xanthan**
- **5 g Salz**
- **50 ml mildes Olivenöl**

Für das Bärlauchpesto
- **50 g Sonnenblumenkerne**
- **50 g Kürbiskerne**
- **200 g Bärlauch**
- **100 ml natives Olivenöl extra vergine**
- **abgeriebene Schale und Saft von 1 Bio-Zitrone**
- **½ TL Chiliflocken**
- **1 TL Salz**

Für die Garganelli alle trockenen Zutaten vermischen. Olivenöl und zunächst 100 Milliliter Wasser dazugeben und von Hand zu einem geschmeidigen Teig verarbeiten. Nach und nach so viel Wasser hinzufügen, dass sich der Teig gut kneten lässt und dabei nicht mehr an den Fingern klebt. Falls zu viel Wasser zugegeben wurde, kann mit etwas mehr Buchweizenmehl ausgeglichen werden.

Den Teig zu vier Strängen rollen und diese in haselnussgroße Portionen teilen. Auf einem geriffelten Brett zu Garganelli streichen und anschließend in reichlich kochendem Wasser 5–7 Minuten sieden lassen, bis sie an der Oberfläche schwimmen. Abgießen.

Für das Bärlauchpesto Sonnenblumen- und Kürbiskerne in einer Pfanne ohne Fett anrösten, bis sie zu duften beginnen. Auskühlen lassen. Bärlauch waschen, fein schneiden und in ein hohes Gefäß füllen. Olivenöl, Zitronenschale, Zitronensaft, Chiliflocken und Salz dazugeben und alles mit dem Pürierstab zu einem Pesto verarbeiten. Sonnenblumen- und Kürbiskerne hinzufügen und bis zur gewünschten Konsistenz weitermixen. Das Pesto über die Pasta geben und servieren.

Tipp

Optional lässt sich der Teig auch mit dem Nudelholz zu einem großen, dünnen Blatt ausrollen, leicht bemehlen, aufrollen und zu Bandnudeln schneiden. Zudem kann man den Teig in der Nudelmaschine verarbeiten. Als Variationen zum Bärlauchpesto bieten sich Petersilie und Koriander mit Cashewbruch sowie Basilikum und Schnittlauch mit Pinienkernen an.

SÜSSKARTOFFEL-KUMPIR MIT MISO-MANGOLD UND ASIA SOUR CREAM

45 MIN. FÜR 4 PERSONEN

Für die Kumpir-Kartoffeln

- **4 große Süßkartoffeln**
- **Salz**
- **20 Stiele junger, bunter Mangold, ca. 1,2 kg**
- **4 cm Ingwerwurzel**
- **Öl zum Braten**
- **2 EL helle Misopaste aus Reis oder Lupinen**
- **4 EL Sojasauce oder Tamari**
- **4 EL Reisessig oder heller, milder Weißweinessig**
- **2 EL Ahornsirup oder Apfeldicksaft**

Für die Asia Sour Cream

- **400 g Seidentofu**
- **200 g Tofu**
- **50 ml Reisessig oder heller Weißweinessig**
- **50 ml Zitronensaft**
- **100 ml Rapsöl**
- **2 EL geröstetes Sesamöl oder Tahini**
- **1 Prise Salz**
- **frisch gemahlener schwarzer Pfeffer**
- **2 EL Nori-Algen-Flocken (optional)**

Für die Kumpir-Kartoffeln die Süßkartoffeln waschen, noch nass gut einsalzen und etwa 45 Minuten bei 180 °C (Umluft) im Backofen backen.

In der Zwischenzeit den Mangold waschen und die Stiele in feinere, die Blätter in breitere Streifen schneiden. Den Ingwer schälen und sehr fein schneiden. In einem Topf etwas Öl erhitzen und den Ingwer darin andünsten. Den Mangold dazugeben, bei Bedarf mit etwas Wasser ablöschen, die Hitze reduzieren und alles zugedeckt 10 Minuten köcheln lassen.

Währenddessen die Misopaste mit Sojasauce, Reisessig, Ahornsirup und etwa 80 Milliliter heißem Wasser zu einer würzigen Marinade verrühren. Unter den Mangold mischen und diesen weiter zugedeckt bei ausgeschaltetem Herd ziehen lassen, bis die Kartoffeln gar sind.

Für die Asia Sour Cream Seidentofu, Tofu, Reisessig, Zitronensaft, Rapsöl, Sesamöl, Salz und Pfeffer zu einer aromatischen Creme mixen. Die Nori-Algen-Flocken unterrühren.

Die Süßkartoffeln mit dem Miso-Mangold anrichten und die Asia Sour Cream darübergeben.

CLIMATE FACT

KUMPIR-KARTOFFELN (ODER OFENKARTOFFELN) SIND WUNDERBAR. STATT SOUR CREAM AUS KUHMILCH ZU NEHMEN, MACHEN WIR EINE PROTEINREICHE TOFU-MISO-SOUR-CREAM SELBST, DIE NICHT NUR HINSICHTLICH DES FETTGEHALTS BESSER ABSCHNEIDET ALS IHRE TIERISCHE VERWANDTE, SONDERN ZUSÄTZLICH AUCH NOCH DAS KLIMA SCHÜTZT. 1 KILOGRAMM SELBST GEMACHTE SOUR CREAM HAT EINEN ETWA HALB SO GROSSEN CO_2-FUSSABDRUCK WIE DIESELBE MENGE DES GEKAUFTEN PRODUKTS.

ZITRUS-PANNACOTTA MIT ERDBEEREN

30 MIN. + 12 STUNDEN ZIEHZEIT + 12 STUNDEN KÜHLZEIT   FÜR 4 PERSONEN

- **250 ml Kokosmilch**
- **250 ml Hafer-, Mandel- oder Reisdrink**
- **in Streifen abgeriebene Schale von 1 Bio-Zitrone**
- **in Streifen abgeriebene Schale von 1 Bio-Orange**
- **25 g Rohrzucker**
- **1 Vanilleschote oder Zimtstange (optional)**
- **20 g Maisstärke**
- **2 g Agar-Agar**
- **1 Prise Salz**
- **500 g Erdbeeren**
- **etwas Dicksaft**

Kokosmilch und Pflanzendrink in einen Topf geben und erwärmen. Die abgeriebenen Zitrusschalen hineingeben und den Rohrzucker in der Mischung auflösen. Die Vanilleschote längs aufschlitzen und das Mark herauskratzen. Die Schote in die Milchmischung geben, das Mark für die Erdbeeren aufbewahren. Die Zitrusmilch über Nacht ziehen lassen.

Die Zitrusmilch durch ein Sieb gießen und dabei die Zitrusschalen abseihen. Diese aufbewahren, die Vanilleschote entsorgen. Die Milch aufkochen. Maisstärke, Agar-Agar und Salz mit 150 Milliliter Wasser verrühren. In die siedende Zitrusmilch geben und alles unter Rühren mindestens 1 Minute kochen lassen. Anschließend auf vier Gläser oder Schälchen verteilen, die Zitrusschalen hineingeben und die Pannacotta auskühlen lassen. Danach für mindestens 8 Stunden, besser aber über Nacht kalt stellen.

Die Erdbeeren waschen, putzen, halbieren oder in Scheiben schneiden. Das Vanillemark mit etwas Dicksaft verrühren und die Erdbeeren damit beträufeln. Zur Pannacotta genießen.

CLIMATE FACT

WIR ALLE LIEBEN PANNACOTTA. DIE DARIN REICHLICH VERWENDETE SAHNE MACHT DAS BELIEBTE DESSERT ABER NICHT NUR KALORIENREICH, SONDERN AUCH IN PUNCTO KLIMA ZU EINER BOMBE. MIT KOKOSMILCH UND PFLANZENDRINK IST DIE PANNACOTTA NICHT NUR LEICHTER UND VOLLER GESÜNDERER FETTE, SIE WIEGT AUCH IN CO_2-ÄQUIVALENTEN GEMESSEN NUR EINEN BRUCHTEIL DES ORIGINALS.

NICECREAM
SNICKERS STYLE

30 MIN. + 24 STUNDEN GEFRIERZEIT   FÜR 4 PERSONEN

- **8 superreife Bananen**
- **100 g Chocolate Chips**
- **100 g Erdnussmus mit Stücken**
- **100 ml Ahornsirup**

Die Bananen schälen und in Stücke brechen. Für mindestens 24 Stunden ins Gefrierfach legen.

Die gefrorenen Bananen in den Mixer geben, 10 Minuten leicht antauen lassen und anschließend zu einer Nicecream mixen. Chocolate Chips, Erdnussmus und Ahornsirup kurz unterrühren und genießen.

CLIMATE FACT

WAS MACHT DIE NICECREAM SO BESONDERS?

1. SELBST GEMACHTE EISCREME SPART DIE GESAMTE TK-LOGISTIK EIN, DIE HINTER JEDEM BECHER GEKAUFTEM SPEISEEIS AUS DEM SUPERMARK STEHT. UND DIE KÜHLLOGISTIK BRAUCHT EINE MENGE ENERGIE.
2. BANANEN UND NUSSMUS ALS BASIS FÜR EISCREME VERURSACHEN WESENTLICH WENIGER CO_2-ÄQUIVALENTE ALS SPEISEEIS AUS MILCH, SAHNE UND EIERN.
3. NICECREAM EIGNET SICH PERFEKT, UM ÜBERREIFE BANANEN VOR DER TONNE ZU RETTEN. BESONDERS BANANEN, DIE NICHT FAIR GEHANDELT WURDEN UND EINEN LANGEN REISEWEG HINTER SICH HABEN, SOLLTEN WIR NICHT UNBEDARFT WEGWERFEN.
4. ERDNÜSSE SIND EINE DER ENTSCHEIDENDEN PROTEINQUELLEN EINER NACHHALTIGEN ERNÄHRUNG DER ZUKUNFT.

SOMMER

SOMMER-BRUSCHETTA MIT KNOBLAUCH UND BASILIKUM

25 MIN. FÜR 4 PERSONEN

- **8 Scheiben Ciabatta, nach Belieben auch glutenfrei**
- **2 Knoblauchzehen**
- **Olivenöl**
- **400 g reife bunte Cocktailtomaten aus der Region**
- **1 Bund Basilikum**
- **Fleur de Sel oder ein anderes grobes Salz**
- **Aceto balsamico oder Balsamico-Reduktion**

Die Ciabatta-Brotscheiben bei 160 °C in 20 Minuten im Backofen knusprig backen.

In der Zwischenzeit den Knoblauch abziehen und durch die Presse drücken. Mit reichlich Olivenöl (4 – 8 EL) verrühren. Die Cocktailtomaten waschen und vierteln. Die Basilikumblätter von den Stängeln zupfen und grob schneiden.

Die Ciabatta-Scheiben aus dem Ofen nehmen, mit je 1 TL Olivenöl-Knoblauch-Mischung bestreichen, mit Tomaten belegen, salzen und weitere 5 Minuten backen, sodass die Tomaten ihr Aroma voll entfalten können.

Auf vier Teller verteilen, mit Basilikumblättern bestreuen und mit Balsamico beträufeln. Die restliche Olivenöl-Knoblauch-Mischung dazu reichen. Warm genießen!

CLIMATE FACT

DER BELIEBTE ITALIENISCHE KLASSIKER SOLLTE UNBEDINGT MIT REIFEN SOMMERTOMATEN AUS DER EIGENEN REGION ZUBEREITET WERDEN, DENN IM WINTER GEKAUFTE TOMATEN AUS SPANIEN ODER ITALIEN HINTERLASSEN EINEN WESENTLICH GRÖSSEREN ÖKOLOGISCHEN FUSSABDRUCK. SELBST TK-TOMATEN ODER SOLCHE AUS DER DOSE SCHNEIDEN NOCH WESENTLICH BESSER AB ALS DIE AUS DEM GEWÄCHSHAUS. DESWEGEN IST DER SOMMER DIE BESTE JAHRESZEIT, UM IN BRUSCHETTA ZU SCHWELGEN.

ZUCCHINI-CARPACCIO MIT ERDBEER-SALSA UND FETO

40 MIN. FÜR 4 PERSONEN

- **4 junge Zucchini à ca. 100 g**
- **Salz**
- **200 g reife Erdbeeren**
- **1 EL Aceto balsamico**
- **Olivenöl**
- **100 g Pinienkerne**
- **200 g Feto (fermentierter Tofu)**
- **frisch gemahlener schwarzer Pfeffer**
- **Chiliflocken**

Zucchini waschen und auf der Mandoline längs in millimeterdünne Scheiben hobeln. Mit etwas Salz vermengen und 30 Minuten ziehen lassen.

In der Zwischenzeit die Erdbeeren waschen und putzen. In kleine Stücke schneiden und mit 1 TL Salz, Essig sowie etwas Olivenöl vermischen. Ebenfalls ziehen lassen. Die Pinienkerne in einer Pfanne ohne Fett goldgelb rösten. Den Feto zwischen den Fingern in mundgerechte Stücke brechen.

Die Zucchinischeiben in ein Sieb geben und kalt abspülen. Auf ein sauberes Geschirrtuch legen und vorsichtig trocken tupfen. Auf vier Tellern anrichten, den Feto darüber verteilen und die Erdbeersalsa daraufgeben. Mit Salz, Pfeffer, Chiliflocken sowie einigen Spritzern Olivenöl abrunden und zuletzt die Pinienkerne darüberstreuen.

CLIMATE FACT

CARPACCIO AUS SAISONALEM GEMÜSE IST EINE WUNDERBARE VORSPEISE RUND UMS JAHR. IM VERGLEICH ZUM KLASSIKER AUS RINDFLEISCH IST JEDES GEMÜSECARPACCIO GERADEZU EIN FLIEGENGEWICHT AUF DER KLIMAWAAGE. FERMENTIERTER TOFU STATT PARMESAN UND EINE PIKANTE ERDBEERSALSA RUNDEN DAS GERICHT HERRLICH AB.

OCHSENHERZ TOMATEN MIT SEIDENTOFU UND SESAMÖL

20 MIN. FÜR 4 PERSONEN

- 4 sehr reife Ochsenherztomaten
- 200 – 400 g Seidentofu
- Fleur de Sel
- Gomasio (Sesamsalz; Rezept siehe Seite 185)
- fermentierter Kampot-Pfeffer
- Basilikum oder Thai-Basilikum
- Sojasauce
- geröstetes Sesamöl

Die Ochsenherztomaten waschen und in schmale Spalten schneiden. Auf vier Tellern auffächern. Den Seidentofu in Nocken abstechen und zwischen den Spalten verteilen.

Alles großzügig mit Fleur de Sel, Gomasio, gemörsertem Kampot-Pfeffer und Basilikumblättern bestreuen und mit Sojasauce sowie geröstetem Sesamöl beträufeln. 10 Minuten ziehen lassen und genießen.

CLIMATE FACT

DIE KOMBI TOMATE UND MOZZARELLA GEHÖRT ZU DEN KLASSIKERN DER ITALIENISCHEN SOMMERKÜCHE. WER KEINE LUST UND ZEIT HAT, CASHEW-MOZZARELLA SELBST HERZUSTELLEN, ODER DIE PFLANZLICHE ALTERNATIVE NICHT ÜBERZEUGEND FINDET, WIRD DIESE JAPANISCH INTERPRETIERTE VERSION LIEBEN, DIE DIE OCHSENHERZTOMATEN ZU EINEM SAISONALEN SOMMERSCHMAUS MACHEN.

PAPRIKA-ERDBEER-GAZPACHO MIT AVOCADOCHIPS

30 MIN. FÜR 4 PERSONEN

- 4 rote Paprikaschoten, ca. 500 g
- 200 g reife Erdbeeren
- 50 ml Olivenöl
- 20 ml Tamari oder Sojasauce
- 40 ml Mikawa-Mirin (süßer Reisweinessig)
- 40 g getrocknete Cranberrys
- 1 TL edelsüßes Paprikapulver
- 1 Messerspitze Cayennepfeffer
- Salz
- 1 reife Avocado
- etwas frisch gepresster Zitronensaft
- selbst gemachte Brotchips (Rezept siehe Seite 184)
- Chiliflocken
- etwas Balsamico-Reduktion

Die Paprikaschoten waschen, entkernen und grob zerkleinern. Die Erdbeeren waschen, putzen und mit den Paprikastücken in den Mixer geben. Olivenöl, Tamari, Mirin, Cranberrys, Paprikapulver, Cayennepfeffer und Salz dazugeben und alles zunächst auf kleiner und schließlich auf höchster Stufe in 1–2 Minuten cremig mixen.

Die Avocado schälen. Das Fruchtfleisch vom Stein lösen, zerdrücken, mit etwas Zitronensaft beträufeln und salzen. Auf die Brotchips streichen und mit Chiliflocken bestreuen sowie mit Balsamico-Reduktion besprenkeln.

Die Avocadochips auf einem großen Teller anrichten. Die Gazpacho auf vier Schälchen verteilen und mit den Chips servieren.

CLIMATE FACT

DIE ERFRISCHENDE SOMMERSUPPE EIGNET SICH FÜR JEDEN ANLASS, OB ALS LEICHTES ABENDESSEN ODER FÜR DIE GARTENPARTY MIT FREUNDEN. ZUR GAZPACHO WERDEN KLASSISCHERWEISE OFT GEBRATENE GARNELEN ODER KÄSE GEREICHT. WIR MACHEN AVOCADOCHIPS DAZU, UM EINE HOCHWERTIGE FETTQUELLE ZU ERGÄNZEN, DAMIT DIE WERTVOLLEN VITAMINE AUS DER GAZPACHO VOLLSTÄNDIG AUFGENOMMEN WERDEN. DIE AVOCADO SCHNEIDET IM VERGLEICH ZU GARNELEN ODER KÄSE AUCH IN PUNCTO CO_2-ÄQUIVALENTE BESSER AB.

BUNTER SOMMERSALAT MIT PILZEN UND KICHERERBSEN

40 MIN. FÜR 4 PERSONEN

- **200 g Kichererbsen aus dem Glas**
- **1 TL gemahlener Kreuzkümmel**
- **1 TL Currypulver**
- **1 TL Paprikapulver**
- **Olivenöl**
- **Salz**
- **Fett für das Blech**
- **1 Fenchelknolle**
- **1 Zucchini**
- **1 Paprikaschote**
- **1 Aubergine**
- **2 Knoblauchzehen (optional)**
- **frisch gemahlener schwarzer Pfeffer**
- **200 g Blattsalat nach Wahl**
- **200 g Kräuterseitlinge**
- **150 ml arabische Sesam-Zitronen-Sauce oder cremiges Macadamiadressing (Rezepte siehe Seite 173)**
- **100 g Oliven mit Kräutern**
- **etwas Balsamico-Reduktion**

Den Backofen auf 180 °C (Umluft) vorheizen. Die Kichererbsen abgießen und in einer kleinen Schüssel mit Kreuzkümmel, Currypulver, Paprikapulver, 2 EL Olivenöl und 1 Prise Salz gründlich mischen. Auf einem gefetteten Backblech verteilen und im Ofen in 35–45 Minuten knusprig backen. Dabei alle 10 Minuten wenden.

Fenchel, Zucchini, Paprika und Aubergine waschen. Den Fenchel längs halbieren und in schmale Spalten schneiden. Die Zucchini quer in Scheiben schneiden. Die Paprika entkernen und in Achtel, die Aubergine in Halbmonde schneiden. Den Knoblauch abziehen und in Scheiben schneiden. Alles in einer großen Schüssel mit Olivenöl, Salz und Pfeffer mischen und auf einem zweiten Blech in 25–35 Minuten im Ofen gar backen.

Den Salat waschen und abtropfen lassen. Die Kräuterseitlinge längs in dünne Scheiben schneiden. In einer tiefen Pfanne etwas Olivenöl erhitzen und die Pilze darin auf beiden Seiten kross anbraten, dabei regelmäßig wenden. Mit Salz und Pfeffer würzen. Die Pilze sollten rundum knusprig, innen aber noch fleischig und saftig sein.

Die Salatblätter auf einer großen, flachen Schale anrichten und mit der arabischen Sesam-Zitronen-Sauce beträufeln. Das gebackene Gemüse und die Oliven darauf verteilen und beides mit Balsamico-Reduktion beträufeln. Mit knusprigen Kichererbsen bestreut und mit Pilzscheiben belegt servieren.

CLIMATE FACT

DIESER SALAT ÜBERTRIFFT MIT SEINEM GERÖSTETEN ANTIPASTIGEMÜSE, SEINEN WÜRZIGEN UMAMITRÄGERN, DEN PROTEINREICHEN KICHERERBSEN UND DEM CREMIGEN DRESSING ALLE ERWARTUNGEN. IM VERGLEICH ZU KLASSISCHEN ANTIPASTI ODER TAPAS MIT VERSCHIEDENEM KÄSE UND ITALIENISCHEN ODER SPANISCHEN WURSTWAREN BELAUFEN SICH DIE CO_2-ÄQUIVALENTE HIER AUF MAXIMAL EIN VIERTEL DER ÜBLICHEN.

SELLERIE-KARTOFFEL-SALAT MIT SENF-MAYO UND RÄUCHERTOFU

40 MIN. FÜR 4 PERSONEN

- **1 Staudensellerie**
- **600 g gekochte Kartoffeln vom Vortag**
- **200 g Sojajoghurt**
- **1 EL Senf**
- **2 EL Apfelessig**
- **1 EL Apfeldicksaft**
- **2 EL Sojasauce**
- **½ TL Kala Namak**
- **80 ml Rapsöl**
- **200 g Räuchertofu**
- **100 g Kapern**
- **100–150 ml Öl zum Frittieren**

Den Staudensellerie waschen und die Stangen quer in etwa 2 Millimeter dünne Scheiben schneiden. Die zarten inneren Blätter können mit verwendet werden. Die Kartoffeln in etwa 5 Millimeter dicke Scheiben schneiden. Aus Sojajoghurt, Senf, Apfelessig, Apfeldicksaft, Sojasauce, Kala Namak und Rapsöl im Mixer oder mit dem Pürierstab eine leichte Mayonnaise mixen. Mit Sellerie und Kartoffeln vermengen, ziehen lassen.

Den Räuchertofu in Streifen schneiden und in sehr wenig Fett anbraten. Dabei mehrmals wenden, sodass er von beiden Seiten Farbe bekommt. Die Kapern abgießen und mit etwas Küchenkrepp trocken tupfen.

Das Öl zum Frittieren in einem kleinen Topf auf etwa 160 °C erhitzen. Es hat die richtige Temperatur erreicht, wenn an einem hineingehaltenen Holzkochlöffelstiel kleine Bläschen aufsteigen. Auf einem Brett oder Teller etwas Küchenkrepp ausbreiten. Die Kapern teelöffelweise ins heiße Öl geben und so lange darin frittieren, bis sie sich wie Blüten auffalten und knusprig sind. Mit einem Schaumlöffel herausheben und auf dem Küchenkrepp abtropfen lassen.

Den Sellerie-Kartoffel-Salat mit den Tofustreifen und den frittierten Kapern bestreuen. Mit einem grünen Salat serviert, ergibt er ein super Sommer-Soulfood.

CLIMATE FACT

KARTOFFELSALAT MIT WIENER WÜRSTCHEN ODER LEBERKÄSE IST EIN BAYERISCHER BIERGARTENKLASSIKER. UNSERE VARIANTE WIEGT WENIGER SCHWER, WEIL WIR EINE LEICHTE VERSION DER FETTREICHEN MAYONNAISE VERWENDEN, DIE SICH GANZ UNKOMPLIZIERT SELBST ZUBEREITEN LÄSST. UND DER KROSS GEBRATENE RÄUCHERTOFU IST EINE PROTEINREICHE, GESUNDE UND NACHHALTIGE ALTERNATIVE ZUM FLEISCH IM ORIGINAL.

GEKLOPFTER GURKENSALAT MIT MACADAMIA-SAUCE UND GOMASIO

40 MIN. FÜR 4 PERSONEN

- **2 Salatgurken**
- **Salz**
- **50 ml Mirin oder milder Apfelessig**
- **100 g Macadamiamus oder Tahini**
- **60 ml frisch gepresster Zitronensaft**
- **2 EL Sojasauce oder Tamari**
- **1 Messerspitze Chilipulver oder Cayennepfeffer**
- **1 Bund Basilikum oder Koriander**
- **4 EL Gomasio (Rezept siehe Seite 185)**
- **2 TL Nori-Algen-Flocken (optional)**

Die Gurken waschen, trocknen und mit einem Nudelholz oder einem anderen schweren Gegenstand der Länge nach vorsichtig weich klopfen. Sie dürfen sich ruhig matschig anfühlen. Anschließend in mundgerechte Stücke schneiden und in eine große Schüssel geben. Salzen und 30 Minuten ziehen lassen.

In ein Sieb geben und abtropfen lassen, dabei das Gurkenwasser auffangen und anderweitig in der Küche verwenden (zum Beispiel in Salatsaucen oder um Currys oder Suppen erfrischend abzuschmecken).

Aus Mirin, Macadamiamus, Zitronensaft, Sojasauce und Chilipulver eine Sauce mixen und diese mit den abgetropften Gurkenstücken vermengen. Die Basilikumblätter von den Stängeln zupfen und unterheben. Zum Servieren großzügig mit Gomasio und Nori-Algen-Flocken bestreuen.

CLIMATE FACT

DIESER ETWAS ANDERE GURKENSALAT KOMMT OHNE MILCHPRODUKTE AUS UND WIRD DURCH SEINE NUSSIGE SAUCE BESTIMMT VIELE FANS GEWINNEN. DIE KLIMAFREUNDLICHSTE VERSION WIRD MIT APFELESSIG UND TAHINI ZUBEREITET, UND ALS BEILAGE PASST GEKOCHTE HIRSE EBENSO GUT WIE SUSHIREIS.

KICHERERBSEN**SALAT** MIT PAPRIKA, CASHEW UND DATTEL

40 MIN. FÜR 4 PERSONEN

- **300 g Kichererbsen aus dem Glas**
- **4 Tomaten**
- **4 Paprikaschoten**
- **1 Bund Petersilie**
- **4 Knoblauchzehen**
- **100 ml Olivenöl + etwas mehr für die Paprika**
- **1 Prise + 1 TL Salz**
- **100 g Cashewkerne**
- **100 g Datteln**
- **abgeriebene Schale und Saft von 1 Bio-Zitrone**
- **100 ml Aceto balsamico bianco**
- **2 EL Ahornsirup**
- **1 TL gemahlener Kreuzkümmel**
- **1 TL Paprikapulver**
- **1 TL Currypulver**
- **1 TL gemahlene Kurkuma**
- **1 TL Zimtpulver**
- **frisch gemahlener schwarzer Pfeffer**

Die Kichererbsen abgießen, abbrausen und abtropfen lassen. Tomaten, Paprika und Petersilie waschen. Den Backofen auf 200 °C (Umluft) vorheizen.

Die Paprikaschoten entkernen und in 2 Zentimeter breite Streifen schneiden. Die Knoblauchzehen abziehen und mit der breiten Seite eines Gemüsemessers flach drücken. Paprikastreifen und Knoblauch mit etwas Olivenöl und 1 Prise Salz mischen und auf einem Backblech verteilen. 15–20 Minuten im Ofen rösten, dabei darf die Paprikahaut ruhig etwas bräunen.

Die Cashewkerne in einer Pfanne ohne Fett bei geringer Hitze langsam rösten. Die Datteln entsteinen und in Stifte schneiden. Die Tomaten in Spalten schneiden, die Petersilienblätter mitsamt Stängeln fein hacken.

Zitronenschale, Zitronensaft, Olivenöl, Essig, Ahornsirup, Kreuzkümmel, Paprikapulver, Currypulver, gemahlene Kurkuma, Zimtpulver, Salz und Pfeffer zu einem intensiven, aromatischen Dressing mixen.

Die Kichererbsen in einer großen Schüssel mit Tomaten, Petersilie, Paprikastreifen und Dattelstiften vermengen und mit dem Dressing beträufeln. Kurz vor dem Servieren die Cashewkerne unter den Kichererbsensalat ziehen.

CLIMATE FACT

KICHERERBSEN WERDEN LIEBEVOLL AUCH »DAS HÜHNCHEN DER VEGANER« GENANNT. IHR PROTEINGEHALT IST SEHR HOCH, DIE MIKRONÄHRSTOFFDICHTE EINFACH UMWERFEND UND DIE VIELFALT DER ZUBEREITUNGSMÖGLICHKEITEN GIGANTISCH. UND IM VERGLEICH ZUM HÜHNCHEN SCHLAGEN SIE NUR MIT ZWEI DRITTELN DER CO_2-ÄQUIVALENTE ZU BUCHE. NICHT SCHLECHT, ODER? DAS KICHERERBSENWASSER, AUCH AQUAFABA GENANNT, SOLLTE DABEI UNBEDINGT AUFGEHOBEN WERDEN. ES FUNKTIONIERT PRIMA ALS KLIMAFREUNDLICHER EI-ERSATZ, DER SICH WUNDERBAR ZU »KICHERSCHNEE« AUFSCHLAGEN LÄSST.

CHILI SIN CARNE

40 MIN. FÜR 4 PERSONEN

- 200 g Kidneybohnen aus dem Glas
- 200 g Zuckermais aus dem Glas
- je 1 gelbe und rote Paprikaschote
- 80 ml Condimento bianco
- 80 ml Oliven- oder mildes Rapsöl
- 2 EL + 1 EL Ahornsirup
- 1 TL Tomatenmark
- ½ TL geräuchertes Paprikapulver
- 2 EL Sojasauce
- 100 g Paranüsse
- ½ TL edelsüßes Paprikapulver
- 1 Messerspitze Cayennepfeffer
- 1 TL getrockneter Oregano
- ½ TL Rauchsalz
- 400 g reife, saftige Tomaten
- 1 Knoblauchzehe
- ½ Zwiebel
- Salz
- frisch gemahlener schwarzer Pfeffer
- 2 reife Avocados
- etwas frisch gepresster Zitronensaft
- 2 milde Peperoni
- 1 Packung Taco-Shells oder Taco-Chips

Die Kidneybohnen und den Mais abgießen und abspülen. Die Paprikaschoten waschen, entkernen und fein würfeln. Mit Kidneybohnen und Mais vermengen. Essig, Öl, 2 EL Ahornsirup, Tomatenmark, geräuchertes Paprikapulver und Sojasauce zu einem Dressing mixen und die Bohnen-Gemüse-Mischung damit beträufeln.

Die Paranüsse in der Küchenmaschine oder im Mixer grob hacken und mit edelsüßem Paprikapulver, Cayennepfeffer, Oregano und Rauchsalz vermengen. In einer Pfanne anrösten, bis die Nüsse zu duften beginnen. Unter die Bohnen-Gemüse-Mischung heben.

Die Tomaten waschen und würfeln, den Knoblauch und die Zwiebel abziehen und fein schneiden. Alles in einem hohen Gefäß mit dem Pürierstab oder im Mixer mit 1 EL Ahornsirup sowie etwas Salz und Pfeffer zu einer stückigen Salsa vermixen.

Die Avocados schälen. Das Fruchtfleisch vom Stein lösen und mit der Gabel zerdrücken. Mit etwas Zitronensaft beträufeln. Die Peperoni in feine Ringe schneiden. Die Bohnen-Gemüse-Mischung, die Salsa, das Avocadofruchtfleisch und die Peperoniringe in Taco-Shells schichten oder mit Taco-Chips genießen.

CLIMATE FACT

TACOS SIND EINES DER BELIEBTESTEN GERICHTE AUS DER MEXIKANISCHEN KÜCHE UND ENTHALTEN MEIST GEHACKTES RINDER- ODER SCHWEINEFLEISCH – BEIDES IST IN SACHEN CO_2-ÄQUIVALENTE UND WASSERVERBRAUCH NICHT NACHHALTIG. WIR MACHEN EIN RAUCHIGES, WÜRZIGES CHILI SIN CARNE AUS KIDNEYBOHNEN UND MAIS, VERFEINERT MIT GEHACKTEN PARANÜSSEN UND REIFEN PAPRIKASCHOTEN. DAS IST NICHT NUR GENAUSO LECKER WIE CHILI CON CARNE, SONDERN SCHONT AUCH NOCH DEN GELDBEUTEL.

IN OCCASIONE DEL
CONTE DI VIRTU' ALLORCHE
VENNE RIVESTITO DALLE INSIGNE
DUCALI
Relazione del giornale
IL FANFARELLO
N°22 - ANNO I° - IL
20 DICEMBRE 1856

SOMMER-RATATOUILLE FÜR EILIGE

40 MIN. FÜR 4 PERSONEN

- 400 g Paprikaschoten
- 400 g Zucchini
- 400 g Auberginen
- 400 g Tomaten
- 1 kleine Zwiebel
- 100 g Tomatenmark
- 1 EL getrocknete Kräuter der Provence
- 100 g Sonnenblumenkerne
- Olivenöl oder mildes Rapsöl zum Braten
- 80 ml Aceto balsamico
- Salz
- frisch gemahlener schwarzer Pfeffer
- Ahornsirup (optional)

Das Gemüse waschen. Die Paprikaschoten entkernen und ebenso wie Zucchini, Auberginen und Tomaten in Würfel schneiden. Die Zwiebel abziehen und in Ringe schneiden. Das Tomatenmark mit den Kräutern der Provence vermischen. Die Sonnenblumenkerne in einer Pfanne ohne Fett anrösten.

In einer tiefen Pfanne etwas Öl erhitzen und die Zwiebelringe darin andünsten. Das gewürfelte Gemüse dazugeben und rundum anbraten. Mit Balsamico ablöschen und das gewürzte Tomatenmark unterrühren. Alles zugedeckt 20 Minuten schmoren lassen. Mit Salz, Pfeffer und etwas Ahornsirup würzen und mit den Sonnenblumenkernen bestreut servieren.

Tipp

In Frankreich wird die Ratatouille warm oder kalt und oft auch als Zwischengang oder Beilage serviert. Sie passt zu Pasta, Risotto, Polenta und Kartoffeln – und zu frischem Brot.

CLIMATE FACT

WARUM SOMMERGEMÜSE-RATATOUILLE? DIE KLASSISCHEN ZUTATEN FÜR RATATOUILLE SIND TYPISCHE SOMMERGEMÜSE. SIE BRAUCHEN REICHLICH WÄRME UND SONNENLICHT, UM ZU GEDEIHEN. DESHALB SIND DIE IDEALEN JAHRESZEITEN FÜR RATATOUILLE DER HOCHSOMMER UND DER FRÜHHERBST, DA ES DANN DAS ENTSPRECHENDE GEMÜSE AUS DER REGION GIBT. BEREITET MAN DIE RATATOUILLE IM WINTER ZU, MIT ZUCCHINI, PAPRIKA, AUBERGINEN UND TOMATEN AUS BEHEIZTEN GEWÄCHSHÄUSERN, VERURSACHT DIES EIN MEHRFACHES AN KLIMAGASEN. IN ZAHLEN AUSGEDRÜCKT MACHT DAS 411 GRAMM CO_2-ÄQUIVALENTE VERSUS 2014 GRAMM CO_2-ÄQUIVALENTE.

CLIMATE FACT

DER SOMMER IST DIE RICHTIGE ZEIT FÜR EINE ÜPPIG MIT GRILLGEMÜSE BELEGTE PIZZA. DANN STAMMT VIELLEICHT SOGAR DAS BASILIKUM FÜR DAS SELBST GEMACHTE PESTO AUS DEM EIGENEN GARTEN. FÜR DEN AROMATISCHEN KICK HAT DIESE PIZZA EINEN WÜRZIGEN GLUTENFREIEN KASTANIENMEHLBODEN VERPASST BEKOMMEN. WER ES KLASSISCHER MAG, KANN DEN BODEN DER FRÜHLINGSPIZZA ODER DEN FOCACCIA-TEIG (REZEPTE SIEHE SEITE 51 UND 154) VERWENDEN UND BELEGEN.

PIZZA
ORTOLANA

40 MIN. + 30 MIN. GEHZEIT + 40 MIN. BACKZEIT · FÜR 1 BLECH / 4 PERSONEN

- **100 g Kastanienmehl oder glutenfreier Mehl-Mix**
- **80 g Reisvollkornmehl oder Buchweizenmehl**
- **80 g Maismehl**
- **40 g Maisgrieß**
- **10 g Flohsamenschalen**
- **1 TL Natron**
- **10 g Trockenhefe**
- **Salz**
- **50 ml + 100 ml mildes Olivenöl + etwas mehr für das Gemüse**
- **1 Aubergine**
- **1 Zucchini**
- **frisch gemahlener schwarzer Pfeffer**
- **200 g Champignons**
- **100 g frischer Spinat**
- **Fett für das Blech**
- **500 g gehackte Tomaten aus der Dose**
- **je ½ TL getrockneter Oregano, Majoran und Rosmarin**
- **2 EL Tamari**
- **2 EL Ahornsirup**
- **2 Bund Basilikum**
- **1 Bund Petersilie**
- **1 Knoblauchzehe**
- **etwas frisch gepresster Zitronensaft oder milder Essig**
- **2 EL Hefeflocken**
- **100 g Cashewbruch**

Kastanienmehl, Reisvollkornmehl, Maismehl, Maisgrieß, Flohsamenschalen, Natron, Trockenhefe und 5 Gramm Salz in eine Schüssel geben. Mit 250 Milliliter lauwarmem Wasser und 50 Milliliter Olivenöl in 4–5 Minuten zu einem geschmeidigen Teig kneten. Der Teig ist gegebenenfalls etwas weicher und klebriger als der übliche Pizzateig, das ist für das spätere Backergebnis jedoch optimal. Den Teig zugedeckt an einem warmen Ort 30 Minuten gehen lassen.

Den Backofen auf 180 °C (Umluft) vorheizen. Die Aubergine und die Zucchini waschen und in 1 Zentimeter dicke Scheiben schneiden. Auf beiden Seiten dünn mit Olivenöl bepinseln, etwas salzen und pfeffern und 20 Minuten im Ofen backen.

Die Champignons in dünne Scheiben schneiden oder hobeln, den Spinat waschen und in einem Sieb abtropfen lassen.

Den Pizzateig mit einem Nudelholz dünn auswalken und auf ein gut gefettetes Backblech legen. Wer kein Nudelholz hat, kann den Teig auch direkt aufs Blech drücken. Den Pizzateig 10 Minuten im Ofen mitbacken.

Die Tomaten mit Oregano, Majoran, Rosmarin, Tamari, Ahornsirup, Salz und Pfeffer pürieren. Den Pizzaboden dünn damit bestreichen. Mit Aubergine, Zucchini, Champignons und Spinat belegen und die Pizza in 15–20 Minuten fertig backen.

Für das Pesto Basilikum und Petersilie waschen und grob hacken, den Knoblauch abziehen und fein hacken. Mit Zitronensaft, Hefeflocken, 100 Milliliter Olivenöl sowie 1 TL Salz in den Mixer füllen und verrühren. Alternativ in einem hohen Gefäß mit dem Stabmixer pürieren. Zuletzt den Cashewbruch untermixen, bis die gewünschte Konsistenz erreicht ist.

Die Pizza aus dem Ofen nehmen und mit dem Pesto beträufeln.

Tipp
Dazu passt ein saftiger grüner Salat.

POLENTAKUCHEN

VOM BLECH MIT OLIVENTAPENADE

40 MIN. FÜR 4 PERSONEN

- **1 EL Gemüsebrühepaste (Rezept siehe Seite 188)**
- **2 EL Hefeflocken**
- **50 g Margarine**
- **½ TL Salz**
- **220 g Maisgrieß (Polenta)**
- **Fett für die Form**
- **800 g bunte Tomaten**
- **200 g Oliventapenade aus grünen oder schwarzen Oliven**
- **200 g Rucola**
- **Fleur de Sel oder ein anderes grobes Salz**
- **frisch gemörserter fermentierter Kampot-Pfeffer**

Für den Polentaboden 900 Milliliter Wasser mit der Gemüsebrühepaste aufkochen. Hefeflocken, Margarine und Salz hinzugeben und den Maisgrieß unter Rühren einrieseln lassen. Etwa 10 Minuten weiterrühren, bis die Polenta andickt und einmal aufgekocht ist. Den Topf vom Herd nehmen und den Deckel auflegen. Den Backofen auf 180 °C (Umluft) vorheizen. Eine große Auflaufform fetten. Die Polenta hineingießen und glatt streichen.

Die Tomaten waschen und in dicke Scheiben schneiden. Den Polentaboden dünn mit Oliventapenade bestreichen und mit den Tomatenscheiben belegen. 20 Minuten im Ofen backen, dann für weitere 5 – 10 Minuten den Grill dazuschalten, damit die Tomaten leicht bräunen. Den Rucola waschen und abtropfen lassen.

Den Polentakuchen aus dem Ofen nehmen und 20 Minuten abkühlen lassen. In Stücke schneiden und mit Fleur de Sel sowie fermentiertem Pfeffer bestreut und mit Rucola bedeckt servieren.

Tipp

Dazu passt Sour Cream oder Hummus (Rezepte siehe Seite 178 und 179).

CLIMATE FACT

DER BODEN DIESER ETWAS ANDEREN PIZZA LÄSST SICH GUT VORBEREITEN UND KANN JE NACH JAHRESZEIT GANZ UNTERSCHIEDLICH BELEGT WERDEN. POLENTAGRIESS IST EINE ERGIEBIGE UND SÄTTIGENDE ALTERNATIVE ZU WEIZENMEHL UND INSBESONDERE ZUSAMMEN MIT OLIVEN UND TOMATEN UNWAHRSCHEINLICH LECKER.

CURRY MIT SÜSSKARTOFFELN UND AUBERGINEN

40 MIN. FÜR 4 PERSONEN

- **400 g Kichererbsencouscous**
- **600 g Auberginen**
- **800 g Süßkartoffeln**
- **1 Bund Petersilie**
- **1 rote Zwiebel**
- **1 Stück Ingwerwurzel**
- **1 Peperoni**
- **mildes Rapsöl oder Kokosöl zum Braten**
- **½ TL gemahlene Kurkuma**
- **½ TL Paprikapulver**
- **½ TL Currypulver**
- **½ TL Kardamomsamen**
- **500 ml Kokosmilch**
- **Salz**
- **frisch gemahlener schwarzer Pfeffer**
- **frisch gepresster Zitronensaft**
- **frischer Koriander zum Garnieren**

Den Kichererbsencouscous nach Packungsanleitung zubereiten und quellen lassen.

Die Auberginen waschen, die Süßkartoffeln schälen und beides in 1 Zentimeter große Würfel schneiden. Die Petersilie ebenfalls waschen. Die Zwiebel abziehen und sehr fein würfeln, den Ingwer schälen und in sehr feine Würfel schneiden. Die Peperoni entkernen und in feine Ringe schneiden.

In einem Topf etwas Öl erhitzen und Zwiebel, Ingwer sowie Peperoni darin andünsten. Nach 1–2 Minuten Kurkuma, Paprikapulver, Currypulver und Kardamomsamen dazugeben und unter Rühren kurz mitbraten, bis sich ein aromatischer Duft entwickelt. Mit Kokosmilch ablöschen und Auberginen- sowie Süßkartoffelwürfel unterrühren. Alles zugedeckt 10–15 Minuten schmoren lassen.

Inzwischen die Petersilie fein hacken. Unter das Gemüse heben und alles weitere 5 Minuten ziehen lassen. Das Curry mit Salz und Pfeffer würzen, mit etwas Zitronensaft beträufeln und mit frischem Koriander garnieren. Auf dem Kichererbsencouscous anrichten und servieren.

Tipp

Dazu passt ein Klecks Seidentofu-Miso-Mayo (Rezept siehe Seite 176).

CLIMATE FACT

BEI DIESER EINFACH ZUZUBEREITENDEN VARIANTE DES SÜDINDISCHEN KOKOSCURRYS MIT HÄHNCHENFLEISCH ERSETZEN SÜSSKARTOFFEL- UND AUBERGINENWÜRFEL DAS FLEISCH. UND FÜR EINE GUTE PROTEIN- UND KLIMABILANZ GIBT ES KICHERERBSENCOUSCOUS STATT BASMATIREIS. WER NOCH MEHR HÜHNCHEN-PROTEIN ERSETZEN MÖCHTE, FÜGT DEM REZEPT 200 G KICHERERBSEN BEI.

FENCHELGEMÜSE

VOM BLECH MIT KARTOFFELCHIPS

40 MIN. FÜR 4 PERSONEN

- **4 junge Fenchelknollen, ca. 600 g**
- **100 g getrocknete Tomaten oder Soft-Tomaten**
- **100 g gemischte Oliven**
- **1 TL Kreuzkümmelsamen**
- **½ TL getrockneter Oregano**
- **Fett für das Blech**
- **1 kg vorwiegend festkochende Kartoffeln**
- **Fleur de Sel oder ein anderes grobes Salz**
- **Bratöl**
- **selbst gemachte Sour Cream (Rezept siehe Seite 178)**

Den Fenchel waschen und mitsamt der Stiele und dem Grün quer halbieren. Auf die Schnittflächen legen, längs halbieren und schließlich quer in daumendicke Scheiben schneiden. Mit getrockneten Tomaten und Oliven vermengen und mit Kreuzkümmel sowie Oregano würzen. Auf einem gefetteten Backblech verteilen.

Die Kartoffeln waschen und quer in 2–3 Millimeter dünne Scheiben schneiden. In einer Schüssel mit Salz und Öl gründlich vermengen, das geht am besten mit den Händen. Die Kartoffeln leicht überlappend auf einem zweiten Backblech auffächern. (Auffächern und Überlappen dienen dazu, dass die Hitze die Kartoffelscheiben beim Backen überall erreicht und knusprig bäckt.)

Beide Bleche zusammen bei 180 °C (Umluft) in den Backofen schieben. Das Gemüse für 25 Minuten backen, die Kartoffeln anschließend 15–20 Minuten weiterbacken, bis sie knusprig sind. Wenn das Gemüse gar ist und das Blech aus dem Ofen genommen wird, können die Kartoffelscheiben vor dem Weiterbacken noch gewendet werden, damit sie rundum knusprig sind. Alles mit reichlich Sour Cream servieren.

CLIMATE FACT

FENCHEL SUPERLECKER? SO GEHT'S! DAS EINFACHE GERICHT KOMMT MIT WENIGEN ZUTATEN AUS UND STEHT RUCKZUCK AUF DEM TISCH. ZUM DIPPEN EIGNET SICH EINE GROSSE PORTION SELBST GEMACHTE SOUR CREAM ODER SELBST GEMACHTES HUMMUS (REZEPTE SIEHE SEITE 178 UND 179). DIESE SÄTTIGENDE UND ALLTAGSTAUGLICHE GEMÜSEKÜCHE MACHT SPASS UND SCHONT DAS KLIMA.

BEEREN-NICECREAM MIT MINZE UND ORANGENZUCKER

30 MIN. + 24 STUNDEN GEFRIERZEIT · FÜR 4 PERSONEN

- **4 superreife Bananen**
- **400 g superreife Beeren, zum Beispiel Himbeeren, Erdbeeren, Johannisbeeren**
- **2–3 Zweige Minze**
- **4 EL Orangenzucker (Rezept siehe Seite 184)**
- **100 g Cashewmus**
- **100 g reife Heidelbeeren**

Die Bananen schälen und in Stücke brechen. Die Beeren waschen und entstielen. Beides für mindestens 24 Stunden ins Gefrierfach geben.

Die gefrorenen Bananen und Beeren in den Mixer geben und 10 Minuten leicht antauen lassen. Die Minze waschen, sehr fein schneiden und mit dem Orangenzucker vermischen.

Den Mixerinhalt zu einer Nicecream verarbeiten. Zuletzt das Cashewmus und die Heidelbeeren unterziehen. Beides sollte noch zu erkennen sein. Die Nicecream auf vier Schalen verteilen und mit dem Minze-Orangenzucker bestreut servieren.

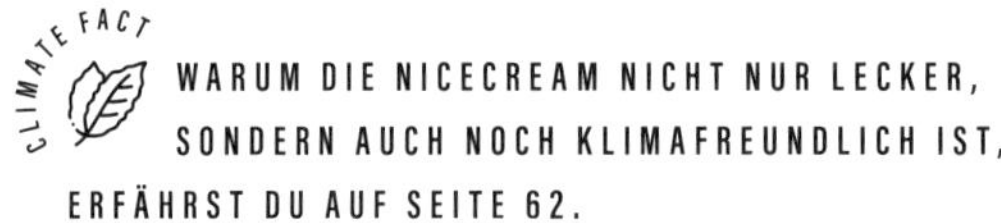

WARUM DIE NICECREAM NICHT NUR LECKER, SONDERN AUCH NOCH KLIMAFREUNDLICH IST, ERFÄHRST DU AUF SEITE 62.

PFIRSICH HÄLFTEN MIT STREUSELN UND MANDELJOGHURT

40 MIN. FÜR 4 PERSONEN

- 4 große Pfirsiche
- 200 g blütenzarte Haferflocken (optional glutenfrei)
- 100 g gehackte Mandeln
- 50 g Mais- oder Tapiokastärke
- 50 g Sesamsamen
- 1 Prise Salz
- 100 g Zucker
- 80 g Margarine oder Kokosöl
- Fett für die Form
- 400 g Sojajoghurt
- 100 g Mandelmus
- 1 Prise Bourbonvanille oder Kardamompulver

Die Pfirsiche waschen, halbieren und entsteinen. Die Haferflocken in eine Schüssel geben und mit Mandeln, Stärke, Sesamsamen, Salz sowie Zucker vermengen. Die Margarine unterkneten, bis eine krümelige Streuselmasse entstanden ist. Falls diese gar nicht binden mag, 1 EL kaltes Wasser dazugeben.

Die Pfirsichhälften in eine gefettete Auflaufform legen, mit den Streuseln bestreuen und bei 160 °C (Umluft) 30 Minuten im Backofen backen. Die restlichen Streusel auf einem mit Backpapier belegten Backblech verteilen und ebenfalls backen. Den Sojajoghurt mit dem Mandelmus sowie der Vanille cremig mixen und zu den warmen Pfirsichhälften genießen.

Tipp

Die übrigen Streusel halten in einem Schraubglas mehrere Wochen und ergeben mit Apfelmus und Soja- oder Haferjoghurt ein schnelles Dessert.

CLIMATE FACT

DIESE SOMMERLICHE VERSION DES WINTERLICHEN APFEL-CRUMBLES LÄSST SICH SCHNELLER ALS EIN KUCHEN ZUBEREITEN, SCHMECKT ABER MINDESTENS GENAUSO LECKER UND GELINGT MIT ANDEREM OBST AUCH ZU ANDEREN JAHRESZEITEN. STATT EINEN FETTEN SAHNEKLECKS OBENDRAUF ZU GEBEN (2965 GRAMM CO_2-ÄQUIVALENTE), MIXEN WIR UNS UNSERE MANDELSAHNE AUS SOJAJOGHURT UND MANDELMUS SELBST (183 GRAMM CO_2-ÄQUIVALENTE).

HERBST

HERBST-BRUSCHETTA MIT FENCHEL UND SALBEICHIPS

40 MIN. FÜR 4 PERSONEN

- **12 Scheiben Baguette oder saftiges Ciabatta**
- **1 große Fenchelknolle**
- **1 Zwiebel**
- **Öl zum Braten**
- **1 Bund Salbei**
- **200 g veganer Frischkäse oder selbst gemachte Sour Cream (Rezept siehe Seite 178)**

Die Baguettescheiben in einer Pfanne oder im Backofen knusprig rösten.

In der Zwischenzeit den Fenchel waschen, längs halbieren und quer in dünne Scheiben schneiden. Die Zwiebel abziehen, halbieren und in Ringe schneiden. Etwas Öl in einer großen Pfanne erhitzen und Fenchel sowie Zwiebel rundum darin anbraten, um schöne Röstaromen zu erzeugen.

Die Salbeiblätter vom Stiel zupfen. Sobald die Zwiebel Farbe bekommen hat, aus der Pfanne nehmen. Erneut etwas Öl in der Pfanne erhitzen, 5–6 Salbeiblätter gleichzeitig hineinlegen und auf beiden Seiten braten. Die Salbeiblätter werden dabei rasch kross und müssen rechtzeitig herausgenommen werden, damit sie nicht braun werden und verbrennen. Damit sie jedoch wie Chips werden, sollten sie auch nicht zu früh aus der Pfanne kommen. Die fertig gebratenen Salbeiblätter auf Küchenkrepp abtropfen lassen.

Die Baguettescheiben großzügig mit Frischkäse bestreichen, Zwiebel sowie Fenchel darauf verteilen und mit Salbeichips garniert als Vorspeise servieren.

CLIMATE FACT

EINE BRUSCHETTA FÜR DEN HERBST SIEHT ZWAR ANDERS AUS ALS IHR PENDANT IM HOCHSOMMER, SCHMECKT ABER GENAUSO KÖSTLICH. CREMIGER VEGANER FRISCHKÄSE, GESCHMORTE FENCHEL- UND ZWIEBELRINGE UND ETWAS SALBEI ERINNERN AN EINE HERBSTLICHE ZWIEBELWÄHE ODER AN FLAMMKUCHEN UND MACHEN LUST AUF MEHR.

RADICCHIO
MIT KARTOFFELDRESSING

40 MIN. FÜR 4 PERSONEN

- **1 kleine mehligkochende Kartoffel**
- **1 TL Gemüsebrühepaste (Rezept siehe Seite 188)**
- **50 ml Apfelessig**
- **50 ml Walnussöl oder mildes Rapsöl**
- **1 – 2 TL scharfer Senf**
- **Salz**
- **frisch gemahlener schwarzer Pfeffer**
- **1 Bund Petersilie**
- **400 g Radicchio**
- **100 g Walnüsse**
- **2 EL Ahornsirup**
- **1 TL geräuchertes Paprikapulver**

Für das Dressing die Kartoffel schälen, fein würfeln und mit 100 Milliliter Wasser in 10 Minuten gar kochen. Mit dem Wasser in ein hohes Gefäß füllen und mit Gemüsebrühepaste, Essig, Öl sowie Senf pürieren. Mit Salz und Pfeffer würzen. Petersilie waschen, sehr fein schneiden und unter das Dressing ziehen.

Den Radicchio waschen und abtropfen lassen. Die Walnüsse in einer Pfanne ohne Fett bei geringer Hitze langsam rösten, bis sie zu duften beginnen. Mit dem Ahornsirup verrühren. Mit dem Paprikapulver bestäuben und auf einen flachen Teller geben.

Den Radicchio auf vier tiefe Teller verteilen, mit dem Kartoffeldressing beträufeln und mit den karamellisierten Walnüssen bestreut servieren.

Tipp

Wer keine Zeit für das etwas aufwendigere Kartoffeldressing findet, kann auch eines der anderen Dressings in diesem Buch verwenden (Rezepte siehe ab Seite 170). Mit einer großen Portion Bratkartoffeln (Rezept aus rohen Kartoffeln siehe Seite 166) und Sour Cream (Rezept siehe Seite 178) serviert, ergibt dieser Salat eine vollwertige Mahlzeit.

CLIMATE FACT

HERBST- UND WINTERSALATE SIND OFT ANDERE ALS DIE, DIE WIR IM FRÜHLING ODER HOCHSOMMER AUF DEM MARKT BEKOMMEN. NEBEN DEM NUSSIGEN FELDSALAT, DEN WIR NACH DEM ERSTEN FROST GENIESSEN KÖNNEN, BIETET DER HERBST VIELE BITTERSALATE WIE ENDIVIE, RADICCHIO UND CHICORÉE. ABER KEINE SORGE: MIT EINEM SAMTIGEN DRESSING UND GERÖSTETEN WALNÜSSEN SIND AUCH DIESE BLATTSALATE JEDEN BISSEN WERT.

GELBE-BETE-CARPACCIO MIT TOFU UND KOKOSCHIPS

15 MIN. + 30 MIN. ZIEHZEIT FÜR 4 PERSONEN

- **2 Knollen Gelbe Bete**
- **Salz**
- **frisch gepresster Zitronensaft**
- **200 g Tofu**
- **4–6 EL Sojasauce oder Tamari**
- **4–6 EL Reisessig oder milder Weinessig**
- **4–6 EL Ume Su oder frisch gepresster Zitronensaft**
- **1 TL Chiliflocken**
- **1 EL Kokosblütenzucker oder Apfeldicksaft**
- **Kokoschips**

Die Gelbe Bete gründlich waschen und auf dem Hobel in dünne Scheiben hobeln. In einer flachen Form ausbreiten, salzen und mit Zitronensaft beträufeln. 30 Minuten ziehen lassen.

Den Tofu zwischen den Fingerspitzen zerbröseln und mit Sojasauce, Reisessig, Ume Su sowie Chiliflocken mischen. Mit Kokosblütenzucker abrunden und ebenfalls etwas ziehen lassen.

Vor dem Servieren die Gelbe Bete abtropfen lassen und trocken tupfen, auf Tellern auffächern, mit dem marinierten Tofu und den Kokoschips bestreuen und genießen.

CLIMATE FACT

WELCHE KNOLLE WÜRDE SICH BESSER FÜR CARPACCIO EIGNEN ALS DIE ROTE ODER GELBE BETE? HIER WIRD SIE ASIATISCH MIT TOFU-CRUMBLE UND KOKOSCHIPS SERVIERT. WIE SCHON BEI DER FRÜHLINGS- UND SOMMERVERSION ERWÄHNT, ÜBERNEHMEN WIR EINFACH DIE OPTIK DES CARPACCIOS UND MACHEN ES KLIMAFREUNDLICH UND VITAMINREICH AUS GEMÜSE NACH. DAS IST NICHT NUR FÜR DIE ÖKOBILANZ BESSER, SONDERN AUCH FÜR UNSERE VERSORGUNG MIT MIKRONÄHRSTOFFEN.

KÜRBISSUPPE
MIT TOFU-KRÄUTER-SALAT

40 MIN. FÜR 4 PERSONEN

- **4 cm Ingwerwurzel**
- **4 cm Kurkumawurzel**
- **800 g Hokkaidokürbis**
- **Kokos- oder Rapsöl zum Braten**
- **1 TL gemahlener Kreuzkümmel**
- **1 TL mildes Currypulver**
- **200 g Tofu**
- **100 g gemischte Asiakräuter**
- **1 milde Peperoni**
- **2 EL Apfelessig**
- **2 EL Tamari oder Sojasauce**
- **frisch gepresster Limetten- oder Zitronensaft**
- **4 TL Sambal Oelek**

Die Ingwer- und Kurkumawurzel schälen und fein würfeln. Den Hokkaidokürbis waschen und ebenfalls würfeln.

In einem großen Topf das Kokosöl erhitzen und Ingwer, Kurkuma, Kreuzkümmel sowie Currypulver unter Rühren 2–3 Minuten darin andünsten. Den Kürbis dazugeben, 600 Milliliter Wasser angießen, alles einmal aufkochen lassen und anschließend bei mittlerer Hitze zugedeckt 15–20 Minuten garen.

Für den Tofu-Kräuter-Salat den Tofu mit den Fingern fein zerbröseln oder mit einer Gabel zerdrücken. Die Asiakräuter waschen, trocknen und sehr fein schneiden. Die Peperoni entkernen und ebenfalls sehr fein schneiden. Den Tofu mit den Kräutern, der Peperoni, dem Essig, der Tamari und dem Limettensaft vermengen.

Die Kürbissuppe mit dem Stabmixer oder im Blender pürieren und auf vier Teller verteilen. Mit dem Tofu-Kräuter-Salat garniert und mit Sambal Oelek beträufelt servieren.

CLIMATE FACT

MIT DIESER SUPPE KANNST DU MENSCHEN GLÜCKLICH MACHEN, GLAUB ES MIR. KÜRBIS IST DAS HERBSTGEMÜSE SCHLECHTHIN, ES EIGNET SICH PERFEKT, UM CREMIGE SUPPEN ZUZUBEREITEN. DER TOFU-KRÄUTER-SALAT SORGT FÜR DIE ZUFUHR AN VITAMINEN UND MINERALSTOFFEN SOWIE REICHLICH PROTEIN. DA RUFT UNSER KÖRPER »JUHUUUU!« – UND DER SAISONALE KOCHTOPF AUCH.

MANGOLD MIT INGWER, FALAFEL UND RAITA

70-120 MIN. FÜR 4 PERSONEN

Für die Falafel
- 200 g Berg- oder Belugalinsen
- 100 g Sesamsamen
- 1 rote Zwiebel
- 100 g Kichererbsen aus dem Glas
- 4–6 EL Hummus (Rezept siehe Seite 179)
- 1 EL Olivenöl
- 1 TL gemahlener Kreuzkümmel
- 1 TL gemahlener Koriander
- 3–4 EL fein gehackte Petersilie
- Salz
- frisch gemahlener schwarzer Pfeffer
- Öl zum Bepinseln

Für das Mangoldgemüse
- 800 g Mangold
- 4 cm Ingwerwurzel
- 1 Bund Frühlingszwiebeln
- Olivenöl zum Braten

Für den Raita
- 250 g Sojajoghurt
- 2 TL helle Misopaste (optional)
- 1 Messerspitze frisch geriebene Muskatnuss
- 1 Messerspitze Paprikapulver
- 1 TL gemahlener Kreuzkümmel
- Salz
- frisch gemahlener schwarzer Pfeffer
- 1 Salatgurke
- 1 Granatapfel

Für die Falafel die Linsen in ausreichend Wasser 30 Minuten gar kochen. Abgießen. Währenddessen die Sesamsamen 30 Minuten in heißem Wasser einweichen. Abgießen. Die Zwiebel abziehen und fein hacken. Die Kichererbsen abgießen und in der Küchenmaschine grob zerkleinern. In eine Schüssel umfüllen und mit Linsen, Sesam, Zwiebel, Hummus, Olivenöl, Kreuzkümmel, Koriander und Petersilie zu einer festen und formbaren Masse verkneten. Falls diese nicht ausreichend bindet, etwas Kichererbsen- oder Buchweizenmehl dazugeben. Mit Salz und Pfeffer würzen. Dann die Masse zu walnussgroßen Kugeln rollen und diese auf ein Backblech legen. Mit Öl bepinseln und bei 180 °C (Umluft) 15–25 Minuten im Backofen backen, bis die Falafel außen knusprig und innen gar gebacken sind.

Für das Mangoldgemüse den Mangold waschen und die Blätter mitsamt den Stängeln quer in Streifen schneiden. Den Ingwer schälen und fein würfeln, die Frühlingszwiebeln in Ringe schneiden. In einem großen Topf das Öl erhitzen und Ingwer und sowie Frühlingszwiebeln kurz darin anbraten. Den Mangold dazugeben, alles einmal verrühren und anschließend zugedeckt bei niedriger Temperatur 15–20 Minuten schmoren, bis der Mangold gar ist. Bei Bedarf ein wenig Wasser zugeben.

Für den Raita Sojajoghurt, Misopaste, Muskat, Paprikapulver und Kreuzkümmel sowie Salz und Pfeffer cremig rühren und in eine Schüssel füllen. Die Salatgurke waschen, fein reiben und mit einer Gabel unterziehen. Die Granatapfelkerne auslösen und den Raita mit einigen Kernen abrunden.

Die Falafel und übrige Granatapfelkerne auf dem Mangoldgemüse anrichten und mit dem Raita genießen.

Tipp

Der Raita kann auch nur aus Sojajoghurt, Gurke, Kreuzkümmel, Salz und Pfeffer zubereitet werden.

CLIMATE FACT

EIN HOCH AUF DIE LIBANESISCHE KÜCHE! VIELE REZEPTE DER LEVANTE-REGION SIND OHNEHIN VEGETARISCH ODER VEGAN UND HABEN SO EINEN GENIAL GUTEN CO_2-FUSSABDRUCK. DAS FALAFELREZEPT HIER IST EIN BISSCHEN AUFWENDIGER UND EIGNET SICH DESHALB EHER FÜR BESONDERE ANLÄSSE. DAS GERICHT SCHMECKT JEDOCH GENAUSO GUT MIT EINER FALAFELMISCHUNG AUS DEM SUPERMARKT UND ERFORDERT DANN WESENTLICH WENIGER VIEL ZEIT.

BÄLLCHEN AUS TOFU UND BOHNEN MIT PILZRAHMSAUCE

70 MIN. FÜR 4-6 PERSONEN

Für die Bällchen

- **200 g Räuchertofu**
- **200 g weiße Bohnen aus dem Glas**
- **100 g Sonnenblumenkerne + etwas mehr zum Wenden der Bällchen**
- **1 EL getrocknete Kräuter der Provence**
- **2 EL Hefeflocken**
- **4 EL Sojasauce oder Tamari**
- **1 EL Senf**
- **2 EL Apfeldicksaft**
- **20 g Flohsamenschalen zum Binden**
- **Öl zum Braten**

Für die Pilzrahmsauce

- **400 g Champignons oder andere Pilze**
- **1 Knoblauchzehe**
- **Öl zum Braten**
- **Salz**
- **frisch gemahlener schwarzer Pfeffer**
- **getrockneter Thymian (optional)**
- **40 g Cashewmus**

Für die Bällchen den Räuchertofu mit den Händen zerbröseln, die Bohnen abgießen. Die Sonnenblumenkerne in einer Pfanne ohne Fett rösten, bis sie zu duften beginnen. Tofu, Bohnen, Sonnenblumenkerne, Kräuter der Provence, Hefeflocken, Sojasauce, Senf und Apfeldicksaft im Mixer gründlich verrühren. In eine Schüssel umfüllen und mit den Flohsamenschalen verkneten. Die Masse 20 Minuten ruhen und quellen lassen.

Die Masse zu Bällchen formen und diese in Sonnenblumenkernen wenden. Etwas Öl in einer Pfanne erhitzen und die Bällchen darin rundum knusprig braten.

Für die Pilzrahmsauce die Pilze fein schneiden. Den Knoblauch abziehen und fein hacken. Etwas Öl in einer Pfanne erhitzen und den Knoblauch darin andünsten. Die Pilze dazugeben und rundum goldgelb braten. Mit Salz und Pfeffer sowie etwas Thymian würzen.

Das Cashewmus in 200 Milliliter warmem Wasser glatt rühren und über die Pilze gießen. Unter Rühren erwärmen, bis die Sauce zu binden beginnt. Die Bällchen hineinlegen und heiß servieren.

Tipp

Dazu schmecken Bandnudeln oder Salzkartoffeln.

CLIMATE FACT

HACKBÄLLCHEN IN PILZRAHMSAUCE GEHÖREN FÜR VIELE ZU DEN LIEBLINGSGERICHTEN AUS OMAS KÜCHE. AUS RÄUCHERTOFU, GEKOCHTEN BOHNEN UND SONNENBLUMENKERNEN ZUBEREITET, WIEGEN DIE HACKBÄLLCHEN NUR NOCH EINEN BRUCHTEIL AUF DER KLIMABILANZWAAGE; DAFÜR SIND SIE DOPPELT SO GESUND UND ENTHALTEN WERTVOLLES PFLANZLICHES PROTEIN.

BUNTES HERBSTGEMÜSE MIT KÜRBIS UND GELBER BETE

60 MIN. FÜR 4 PERSONEN

Für das Ofengemüse

- **2 kg gemischtes Herbstgemüse, zum Beispiel Kürbis, Süßkartoffel, Gelbe Bete**
- **1 rote Zwiebel**
- **1 Birne**
- **mildes Rapsöl**
- **1 TL Salz**
- **frisch gemahlener schwarzer Pfeffer**
- **Fett für das Blech**

Für die Sour Cream

- **200 g Tofu**
- **200 g Sojajoghurt**
- **1 TL Senf**
- **1 Prise Salz**
- **2 EL Sojasauce**
- **2 EL Apfelessig**
- **1 EL Rohr- oder Rübenzucker oder Apfeldicksaft**
- **1 TL geräuchertes Paprikapulver**
- **150 g Cashewmus oder weißes Tahini**

Für das Ofengemüse das Gemüse waschen und bei Bedarf putzen oder schälen. (Wenn die Schale sauber ist, muss weder die Bete noch der Hokkaidokürbis noch die Süßkartoffel geschält werden). Die Zwiebel abziehen und in Ringe schneiden, die Birne waschen, entkernen und in schmale Spalten schneiden. Das Gemüse ebenfalls in Spalten oder Stücke schneiden und mit Zwiebel, Birne, etwas Öl sowie Salz und Pfeffer vermengen. Auf ein gefettetes Backblech geben und bei 180 °C (Umluft) 30 Minuten im Backofen backen.

Für die Sour Cream den Tofu zerkleinern und mit Sojajoghurt, Senf, Salz, Sojasauce, Apfelessig, Zucker und Paprikapulver glatt mixen. Bei laufendem Mixer das Cashewmus einarbeiten, bis die Creme die gewünschte Konsistenz erreicht hat.

Das Ofengemüse mit der Sour Cream servieren und genießen.

Hinweis

In der Sour Cream wird der Fettanteil für die Dichte und die Konsistenz durch Nussmus oder Tahini erreicht. Nussmus als Alternative zu anderen Fettträgern wie Raps- oder Kokosöl liefert nicht nur das nötige Fett, sondern auch einen Mehrwert an Mineralstoffen und Vitaminen.

CLIMATE FACT

OFENGEMÜSE IST DIE PERFEKTE ART, SAISONALES UND REGIONALES MARKTGEMÜSE ZUZUBEREITEN. DENN AUFS BLECH KOMMT, WAS DIE GEMÜSEKISTE ZU BIETEN HAT. DIE SOUR CREAM MACHEN WIR WIEDER SELBST - ALTERNATIV KÖNNEN PRODUKTE AUF SOJABASIS ODER ANDERER PFLANZLICHER BASIS MIT KRÄUTERN ODER GEWÜRZEN ABGERUNDET WERDEN. WEITERE MÖGLICHKEITEN FÜRS »DAZU« FINDEST DU BEI DEN DIPS AB SEITE 174.

KARTOFFEL-WEDGES
ORANGE-GRÜN

40 MIN. FÜR 4 PERSONEN

Für das Kürbisketchup
- **500 g Hokkaidokürbis**
- **1 Zwiebel**
- **2 Knoblauchzehen**
- **80 g Datteln**
- **Öl zum Braten**
- **2 TL Currypulver**
- **200 g gehackte Tomaten aus der Dose**
- **60 ml Weißweinessig**
- **Salz**
- **frisch gemahlener schwarzer Pfeffer**

Für die Avocado-Guacamole
- **2–3 reife Avocados**
- **Saft von 1 Zitrone**
- **1 Peperoni**
- **1 TL Kreuzkümmelsamen**
- **1 EL Sesamsamen**
- **etwas Kampot-Pfeffer**
- **½ TL Salz**
- **frisch gemahlener schwarzer Pfeffer**

Für die Kartoffel-Wedges
- **800 g kleine festkochende Kartoffeln**
- **mildes Bratöl**
- **Salz**

Für das Kürbisketchup den Kürbis putzen und würfeln, die Zwiebel sowie den Knoblauch abziehen und fein schneiden, die Datteln entkernen und grob zerkleinern. Etwas Öl in einem Topf erhitzen und die Zwiebel sowie den Knoblauch darin goldbraun anbraten. Die Datteln, den Kürbis und Currypulver dazugeben und alles rundum andünsten. Mit Tomaten und Weißweinessig ablöschen, aufkochen und bei mittlerer Hitze 20 Minuten schmoren lassen.

Mit dem Stabmixer zu einem cremigen Ketchup pürieren und mit Salz sowie Pfeffer würzen. Noch heiß in Gläser füllen, diese verschließen und das Ketchup auskühlen lassen. Es hält sich im Kühlschrank etwa 2 Wochen.

Für die Avocado-Guacamole die Avocados schälen. Das Fruchtfleisch vom Stein lösen und mit einer Gabel fein zerdrücken. Mit Zitronensaft verrühren. Die Peperoni entkernen und in feine Streifen schneiden, Kreuzkümmel- und Sesamsamen nacheinander in einer Pfanne ohne Fett anrösten. Den Kampot-Pfeffer mörsern.

Peperoni, Kreuzkümmel- und Sesamsamen, Kampot-Pfeffer und Salz unter die Avocadocreme ziehen. Mit Pfeffer bestreuen.

Für die Kartoffel-Wedges die Kartoffeln waschen und trocknen. Mit Schale in Spalten schneiden und in einer großen Schüssel mit reichlich Öl sowie etwas Salz vermengen. Auf einem Backblech verteilen und bei 180 °C (Umluft) im Backofen in 35–40 Minuten knusprig backen.

Die Kartoffel-Wedges mit dem Kürbisketchup und der Avocado-Guacamole servieren.

Tipp

Die Kartoffel-Wedges können auch mit anderen Dips serviert werden, zum Beispiel mit Erbsen-Guacamole, Hummus oder Sour Cream (Rezepte siehe Seite 177, 179 und 178).

E FACT

KARTOFFELN GEHÖREN ZU DEN KLIMAFREUNDLICHSTEN UND GESÜNDESTEN LEBENSMITTELN ÜBERHAUPT. BEI POMMES SIEHT DAS GLEICH GANZ ANDERS AUS – SIE SIND WEIT IM GELBEN BEREICH (SIEHE KLIMAPOSTER SEITE 28/29). VORFRITTIERTE FERTIGPRODUKTE FRESSEN WESENTLICH MEHR ENERGIE ALS UNVERARBEITETE LEBENSMITTEL. SELBST GEMACHTE WEDGES, IM OFEN GEBACKEN, SIND GENAUSO CRUNCHY UND WESENTLICH GESÜNDER UND BRAUCHEN ZUSÄTZLICH UM EIN VIELFACHES WENIGER AN ENERGIE.

PORTOBELLO-STEAK MIT CREMIGEM COLESLAW UND SENF

40 MIN. + 1-2 STUNDEN ZIEHZEIT FÜR 4 PERSONEN

- 1 kleiner Kopf Weißkohl
- 200 g Seidentofu-Miso-Mayo (Rezept siehe Seite 176)
- 2 Knoblauchzehen
- 4 EL Rapsöl + etwas mehr zum Braten
- 4 EL Dicksaft oder Ahornsirup
- 4 EL Sojasauce
- 1 TL geräuchertes Paprikapulver
- 1 TL Rauchsalz
- 4 große Portobello-Pilze
- grobkörniger Senf

Den Weißkohl waschen, fein hobeln und mit der Seidentofu-Miso-Mayo vermengen. 1–2 Stunden ziehen lassen.

In der Zwischenzeit den Knoblauch abziehen und reiben. Mit Öl, Dicksaft, Sojasauce, Paprikapulver und Salz verrühren. Die Pilze rundum damit bepinseln, die restliche Marinade in die Lamellen träufeln. 1 Stunde ziehen lassen.

In einer großen Pfanne etwas Öl erhitzen und die Portobello-Pilze bei mittlerer Hitze darin braten. Alle 5 Minuten wenden. Das Braten dauert etwas, da die Pilze sehr voluminös und am Anfang auch noch etwas »sperrig« sind. Je garer sie werden, desto elastischer werden sie und desto mehr schmiegen sie sich an den heißen Pfannenboden. Gegen Ende der Bratzeit die Pilze noch einmal für wenige Minuten richtig heiß anrösten.

Die Portobello-Steaks mit Coleslaw und grobkörnigem Senf servieren.

Tipp

Hierzu passen bunte Kartoffel-Wedges (Rezept siehe Seite 118), Bratkartoffeln (Rezept aus rohen Kartoffeln siehe Seite 166) oder Kartoffelbrei.

CLIMATE FACT

DIESE SAFTIGEN UND WÜRZIG MARINIERTEN PORTOBELLO-STEAKS VERWÖHNEN DEN GAUMEN VON MENSCHEN, DIE DIE DEFTIGE KÜCHE SCHÄTZEN. IM VERGLEICH ZU EINEM ETWA 250 GRAMM SCHWEREN RINDERSTEAK MIT SEINEN 13 944 GRAMM CO_2-ÄQUIVALENTEN BRINGT DER 80 BIS 100 GRAMM SCHWERE PORTOBELLO NUR 355 GRAMM CO_2-ÄQUIVALENTE AUF DEN TELLER.

SOJA-GESCHNETZELTES IN PILZRAHM MIT BELUGALINSEN

40 MIN. FÜR 4 PERSONEN

- **80 g Sojaschnetzel oder Sojanuggets**
- **½ TL getrockneter Thymian**
- **½ TL getrockneter Estragon**
- **½ TL getrockneter Majoran**
- **½ TL frisch geriebene Muskatnuss**
- **1 EL Zucker**
- **2 EL Hefeflocken**
- **1 TL Salz**
- **80 g Belugalinsen**
- **1 Lorbeerblatt**
- **1 Stange Lauch**
- **30 ml Rapsöl**
- **30 g getrocknete Pilze**
- **50 ml Weißwein**
- **200 g Hafer Cuisine**
- **30 ml Weißweinessig**
- **20 ml frisch gepresster Zitronensaft**
- **100 g Paranüsse**
- **Rauchsalz**

Die Sojaschnetzel in 400 Milliliter heißem Wasser 15 Minuten quellen lassen. Auspressen. Thymian, Estragon, Majoran, Muskat, Zucker, Hefeflocken und Salz verrühren und von Hand in die ausgepressten Sojaschnetzel einmassieren.

Die Linsen mit dem Lorbeerblatt und der dreifachen Menge Wasser aufsetzen und in 20 Minuten al dente kochen. Abgießen; das Lorbeerblatt entsorgen.

Den Lauch waschen und in Ringe schneiden. Das Rapsöl in einem großen Topf erhitzen und die Lauchringe darin rundum scharf anbraten. Nach 2 Minuten die getrockneten Pilze und die Linsen dazugeben und 1 Minute unter Rühren mitbraten. Die Sojaschnetzel dazugeben und ebenfalls mitbraten. Mit Weißwein ablöschen und alles bei reduzierter Hitze 5 Minuten weiterschmoren lassen. Dabei nur gelegentlich umrühren.

Hafer Cuisine, 200 Milliliter Wasser, Weißweinessig und Zitronensaft zu einer Sauce verrühren. Zum Geschnetzelten geben und alles noch einmal aufkochen.

Die Paranüsse hacken und in einer kleinen Pfanne ohne Fett anrösten. Mit dem Rauchsalz würzen und als Topping auf das Geschnetzelte streuen. Dazu passen Bandnudeln oder Kartoffelbrei.

CLIMATE FACT

KALBSGESCHNETZELTES IN PILZRAHMSAUCE GEHÖRT FÜR VIELE MENSCHEN ZU DEN BELIEBTESTEN SONNTAGSESSEN. KALBFLEISCH UND SAHNE SIND UNTER UMWELTASPEKTEN UND AUS ETHISCHEN GRÜNDEN ABSOLUT ÜBERHOLT UND BRAUCHEN LECKERE UND VERTRETBARE NACHFOLGER. SOJAGESCHNETZELTES IN EINER CREMIGEN SAUCE MIT BELUGALINSEN UND KRÄUTERN – DAS IST ZUKUNFTSFÄHIG UND ENKELTAUGLICH.

BROKKOLI-QUICHE MIT KÜRBISCREME UND SESAM

45 MIN. + 30 MIN. KÜHLZEIT + 45 MIN. BACKZEIT FÜR 1 SPRINGFORM (26–30 CM Ø)

- **200 g Buchweizenmehl**
- **50 g Maisstärke**
- **200 g Saatenmischung, zum Beispiel Kürbiskerne, Sonnenblumenkerne, Leinsamen**
- **1 EL Zucker**
- **1 Prise Salz**
- **1 gestrichener TL Natron**
- **2 EL Tahini**
- **120 g Margarine**
- **Fett für die Form**
- **200 g Hokkaidokürbis**
- **50 ml Olivenöl + etwas mehr zum Beträufeln und Braten**
- **2 EL Tomatenmark**
- **2 EL Tamari oder Sojasauce**
- **1 TL Paprikapulver**
- **1 Kopf Brokkoli**
- **2 EL Sesamsamen**
- **200 g Zuckermais aus dem Glas**
- **1 Bund Schnittlauch**
- **Cashew-Sonnenblumenkern-Parmesan (Rezept siehe Seite 182) zum Bestreuen**

Buchweizenmehl und Maisstärke in eine Schüssel geben. Die Saatenmischung im Mixer fein mahlen. Mit Zucker, Salz und Natron ebenfalls in die Schüssel geben und alles gut verrühren. Anschließend mit Tahini und Margarine in der Küchenmaschine zu einem Mürbeteig verarbeiten. Bei Bedarf 1–2 EL kaltes Wasser zugeben. Den Backofen auf 180 °C (Umluft) vorheizen.

Den Quicheteig in eine gefettete Form drücken, dabei auch den Rand damit auskleiden. Mindestens 30 Minuten kühl stellen.

In der Zwischenzeit den Kürbis waschen, entkernen und in grobe Stücke schneiden. Diese mit etwas Olivenöl beträufeln, auf einem Backblech verteilen und 20 Minuten im Ofen backen. Anschließend mit 50 Milliliter Olivenöl, Tomatenmark, Tamari und Paprikapulver pürieren. Bei Bedarf auch hier etwas Wasser zugeben.

Den Brokkoli waschen und in Röschen mit langem Stiel vom Strunk schneiden. Die Röschen halbieren und in etwas Olivenöl 5–10 Minuten braten. Mit Sesam bestreuen. Den Zuckermais abgießen. Den Schnittlauch waschen und in Röllchen schneiden.

Den Boden der Quiche mit der Kürbiscreme bestreichen, mit den Brokkoli-Sesam-Röschen belegen und mit dem Mais bestreuen. Die Quiche 40 Minuten im Ofen backen. Mit Schnittlauchröllchen und Cashew-Sonnenblumenkern-Parmesan bestreut servieren.

Tipp

Für 1 Blech die 1,5-fache Menge Teig zubereiten.

CLIMATE FACT

DIESE SAFTIGE QUICHE MIT IHREM WÜRZIGEN SAATENBODEN PASST PERFEKT IN DEN HERBST. UND NATÜRLICH KANN DIE KÜRBISCREME AUCH AUF EINEN PIZZATEIG GESTRICHEN UND MIT BROKKOLI UND ZUCKERMAIS BELEGT ZU EINER HERBSTPIZZA GEBACKEN WERDEN. ALS GUSS EIGNET SICH DANN DIE CREME AUS WEISSEN BOHNEN, DIE BEI DER FRÜHLINGSPIZZA (REZEPT SIEHE SEITE 51) ZUM EINSATZ GEKOMMEN IST.

MOUSSE AU CHOCOLAT MIT HASELNUSS

40 MIN. + MEHRERE STUNDEN KÜHLZEIT FÜR 8 PERSONEN

- **200 g Zartbitterschokolade, 70 – 85 % Kakaoanteil**
- **400 g Seidentofu**
- **200 g Sojasahne**
- **80 g Zucker**
- **½ TL winterliche Gewürze, zum Beispiel Zimtpulver oder gemahlener Kardamom**
- **1 Prise Salz (optional)**
- **80 g Haselnussmus**

Die Schokolade über dem Wasserbad schmelzen.

Währenddessen den Seidentofu mit Sojasahne, Zucker, Gewürzen, Salz und Nussmus in 30 – 60 Sekunden cremig mixen. Die geschmolzene Schokolade bei laufendem Mixer in die Creme einfließen lassen und gründlich einarbeiten.

Die Creme auf acht Dessertgläser verteilen und mehrere Stunden kalt stellen.

Tipp

Am besten schmeckt die Mousse, wenn sie rund 10 Stunden zieht – dann kann sich das Nussaroma wunderbar entfalten und die für Mousse au Chocolat typischen Luftblasen werden sichtbar.

CLIMATE FACT

EINE FLUFFIGE MOUSSE AU CHOCOLAT DARF IN KEINEM KOCHBUCH FEHLEN. DIESE VEGANE VERSION ZEIGT NICHT NUR, DASS DER FRANZÖSISCHE KLASSIKER AUCH OHNE BUTTER, SAHNE UND EI EINE SÜNDE WERT IST. SIE ZEIGT EBENSO, WELCHEN UNTERSCHIED DIE AUSWAHL DER ZUTATEN MACHT. IM VERGLEICH ZUM ORIGINAL MIT 615 GRAMM CO_2-ÄQUIVALENTEN KOMMEN HIER NUR 220 GRAMM CO_2-ÄQUIVALENTE ZUSAMMEN.

ZWETSCHGEN KOMPOTT AUS DEM OFEN MIT GRIESSCREME

30 MIN. + 2 STUNDEN BACKZEIT FÜR 4 PERSONEN

- **500 g Zwetschgen**
- **1 TL Zimtpulver**
- **1 EL + 4 EL Zucker**
- **Kokosöl für die Form**
- **500 ml Sojadrink Vanille**
- **150 g Dinkelgrieß oder fein gemahlene Hirse oder 120 g Maisgrieß (Polenta)**
- **1 Prise Salz**
- **2 EL Nussmus (optional)**

Die Zwetschgen waschen, entsteinen, mit Zimt und 1 EL Zucker vermengen und in eine mit Kokosöl gefettete Form geben. Bei 140 °C (Umluft) 2 Stunden im Backofen backen; dabei alle 20 Minuten mit einem Löffel umrühren.

Für die Grießcreme den Sojadrink unter Rühren aufkochen, Grieß und 4 EL Zucker einrieseln lassen und unter Rühren nochmals aufkochen. Anschließend bei ausgeschaltetem Herd so lange rühren, bis die Grießcreme andickt. Salz und Nussmus unterrühren. Die Creme in vier Schälchen füllen und abkühlen lassen, bis die Zwetschgen fertig gebacken sind.

CLIMATE FACT

ZWETSCHGENKOMPOTT AUS DEM OFEN IST EIN WUNDERBARES ZERO-WASTE-REZEPT ZUR ERNTEZEIT VON PFLAUMEN UND ZWETSCHGEN. AUSSERDEM FUNKTIONIERT ES AUCH MIT KIRSCHEN, APRIKOSEN, ÄPFELN UND BIRNEN – JE NACHDEM, WELCHER OBSTBAUM GERADE VOLLER REIFER FRÜCHTE HÄNGT. UND SELBST KLEINE SPEISEN WIE EINE EINFACHE GRIESSCREME MACHEN EINEN UNTERSCHIED, WENN SIE MIT PFLANZENDRINK STATT MIT KUHMILCH ZUBEREITET WERDEN. LETZTERE HINTERLÄSST EINEN ETWA DREIMAL SO GROSSEN CO_2-FUSSABDRUCK UND HAT EINEN RUND DREIMAL SO GROSSEN WASSERVERBRAUCH SOWIE EINEN ETWA VIERMAL SO HOHEN FLÄCHENVERBRAUCH WIE BEISPIELSWEISE SOJA- ODER HAFERDRINK.

WINTER

WINTER-BRUSCHETTA
MIT BETE UND PILZEN

30 MIN. FÜR 4 PERSONEN

- **1 Vollkornbaguette**
- **1 große Knolle vorgekochte Rote Bete**
- **1 Handvoll Pilze, zum Beispiel Austernpilze oder Kräuterseitlinge**
- **Rapsöl zum Braten**
- **1 TL Senfkörner**
- **1 TL Rauchsalz**
- **Sojasauce oder Aceto balsamico zum Ablöschen**
- **Grünkohlchips (Rezept siehe Seite 188)**

Das Baguette in breite Scheiben schneiden und auf beiden Seiten rösten. Die Rote Bete würfeln und beiseitestellen.

Die Pilze in kleine Würfel schneiden und in einer Pfanne in reichlich Öl mitsamt den Senfkörnern scharf anbraten. Die Rote Bete dazugeben, mit Rauchsalz würzen und mit Sojasauce ablöschen.

Die Pilz-Rote-Bete-Mischung auf den Baguettescheiben verteilen und diese mit Grünkohlchips garniert servieren.

Tipp

Dazu passt ein Dip wie die Seidentofu-Miso-Mayo oder Sour Cream (Rezepte siehe Seite 176 und 178).

CLIMATE FACT

IM WINTER DARF DIE BRUSCHETTA RUHIG ETWAS REICHHALTIGER SEIN. DESHALB WIRD SIE HIER MIT VOLLKORNBAGUETTE, ERDIGER ROTER BETE, WÜRZIG GERÖSTETEN PILZE UND RAUCHSALZ ZUBEREITET. WER NOCH GRÜNKOHL IM KÜHLSCHRANK HAT, KANN CRUNCHY CHIPS (REZEPT SIEHE SEITE 188) DARAUS BACKEN UND DIESE STATT BASILIKUMBLÄTTERN ÜBER DIE BRUSCHETTA STREUEN.

WINTERSALAT MIT ORANGE, INGWER UND TEMPEH

40 MIN. FÜR 4 PERSONEN

- ½ Chinakohl
- 1 kleiner Kopf Radicchio
- 4 cm Ingwerwurzel
- Fruchtfleisch von 1 Bio-Orange
- 1 milde Peperoni (optional)
- 4 EL milder Apfelessig
- 4 EL pflanzlicher Joghurt
- 2 EL Walnuss-, Lein- oder natives Olivenöl
- Abrieb und Saft von 1 Orange
- 2 EL Tamari oder Sojasauce
- 1 TL Salz
- Honig oder Dicksaft (optional)
- 100 g Tempeh
- Öl zum Braten
- Currypulver
- Anispulver (optional)

Chinakohl und Radicchio waschen und quer zur Blattstruktur in dünne Streifen schneiden. Den Ingwer schälen und in feine Stifte schneiden. Das Orangenfruchtfleisch in dünne Halbmonde schneiden. Die Peperoni entkernen und in Ringe schneiden. Alles gründlich miteinander vermengen.

Apfelessig, Joghurt, Öl, Orangenschale, Orangensaft, Tamari, Salz und Honig im Mixer zu einem cremigen Dressing mixen und über den Salat träufeln.

Den Tempeh in 2–3 Millimeter feine Streifen schneiden und diese in heißem Öl auf beiden Seiten sehr kross braten. Mit Curry- und Anispulver würzen. Den Wintersalat damit bestreuen und servieren.

Tipp

Mit gebratener Hirse oder Kräuterbuchweizen ergibt dieser Salat eine vollwertige Mahlzeit.

CLIMATE FACT

DER WINTER IST DIE JAHRESZEIT FÜR CHINAKOHL UND ENDIVIE, FÜR RADICCHIO UND CHICORÉE, FÜR FRISÉESALAT UND SPITZKOHL! ALL DIESE WINTERSALATE HELFEN UNS DABEI, VERDAUUNG, LEBER UND IMMUNSYSTEM ZU STÄRKEN. ALLERDINGS BRAUCHEN SIE EINEN SÜSSEN GEGENSPIELER – DIE ORANGE. UND SCHLIESSLICH ORIENTIERT SICH DIESES REZEPT NOCH AN DER ASIATISCHEN KÜCHE UND GIBT KNUSPRIG GEBRATENEN TEMPEH ALS TOPPING OBENAUF.

LINSEN-GRÜNKOHL-SALAT MIT ZITRONE UND KÜRBIS

60 MIN. FÜR 4 PERSONEN

- 200 g Berglinsen
- 200 g Hokkaidokürbis
- mildes Rapsöl
- Salz
- frisch gemahlener schwarzer Pfeffer
- 2–3 Stiele Grünkohl
- 1 säuerlicher Apfel, zum Beispiel Boskop, Rubinette oder Elstar
- 80 ml Apfelessig
- 80 ml Kürbiskernöl
- 100 ml Apfelsaft
- 1 EL grobkörniger scharfer Senf
- abgeriebene Schale und Saft von 1 Bio-Zitrone

Den Backofen auf 180 °C (Umluft) vorheizen.

Die Linsen in reichlich Wasser in 20 Minuten al dente kochen. Währenddessen den Kürbis waschen, entkernen, in schmale Spalten schneiden, mit mildem Rapsöl beträufeln, salzen, pfeffern und auf einem Backblech 10–15 Minuten im Ofen backen. In dieser Zeit den Grünkohl waschen und trocken schwenken. Anschließend in feine Streifen schneiden und mit etwas mildem Rapsöl und 1 Prise Salz in einer Schüssel weich massieren. Den Apfel vierteln, entkernen und in feine Würfel schneiden.

Die Linsen abgießen und etwa 30 Minuten abkühlen lassen. Den Kürbis auf dem Blech ebenfalls etwas abkühlen lassen.

Apfelessig, Kürbiskernöl, Apfelsaft und Senf zu einem Dressing mixen. Salzen und pfeffern.

Die Linsen mit dem Grünkohl, den Apfelwürfeln und der Zitronenschale sowie dem Zitronensaft vermengen. Die Kürbisspalten unterheben und das Dressing darüberträufeln. Warm genießen.

Tipp
Dazu schmecken frische Pellkartoffeln.

CLIMATE FACT

LINSEN SIND EIN ELEMENTARER BESTANDTEIL DER DEUTSCHEN KOCHKULTUR. MEIST WERDEN SIE MIT SPECK ODER BAUCHFLEISCH GEKOCHT UND MIT WÜRSTCHEN ODER ANDEREN TEILEN VOM TIER SERVIERT. DIESER WARME LINSENSALAT GREIFT DIE TRADITION DER BERG- ODER TELLERLINSE AUF, SETZT SIE JEDOCH KLIMAFREUNDLICHER UM. DER GEBACKENE KÜRBIS BRINGT RÖSTAROMEN AUF DEN TELLER, DER GRÜNKOHL EXTRAVITAMINE UND DER APFEL FRISCH-FRUCHTIGE SÄURE. ABGERUNDET WIRD DAS GANZE DURCH DIE NUSSIGE SALATSAUCE.

NAVETTEN-CARPACCIO MIT PILZEN UND MANDELN

30 MIN. FÜR 4 PERSONEN

- **2 Navetten**
- **Salz**
- **200 g Austernpilze**
- **Rapsöl zum Braten**
- **frisch gemahlener schwarzer Pfeffer**
- **geräuchertes Paprikapulver**
- **100 g Mandeln**
- **4 EL Tamari**
- **4 EL Ahornsirup**
- **4 EL Leinöl**

Die Navetten gründlich waschen und auf dem Hobel in dünne Scheiben hobeln. In einer tiefen Form auslegen, leicht salzen und ziehen lassen.

Die Austernpilze trocken abbürsten und in Streifen reißen. Rapsöl in einer großen Pfanne erhitzen und die Pilze unter Rühren darin kross braten. Währenddessen mit Salz, Pfeffer und Paprikapulver würzen.

Die Mandeln grob hacken und in einer zweiten Pfanne ohne Fett rösten, bis sie duften und knacken. Noch heiß in eine Schüssel umfüllen und mit Tamari und Ahornsirup aromatisieren.

Die Navettenscheiben abgießen, trocken tupfen, auf vier Tellern auffächern, die gebratenen Austernpilze darübergeben und die Tamari-Mandeln darüberstreuen. Vor dem Servieren großzügig mit Leinöl beträufeln.

CLIMATE FACT

NAVETTEN SIND LEIDER IN VERGESSENHEIT GERATENE WINTERRÜBEN, DIE SICH WUNDERBAR ZUM HOBELN EIGNEN UND EIN FEINES CARPACCIO ABGEBEN. WER KEINE BEKOMMT, KANN AUCH SCHWARZRETTICH ODER GOLDRÜBCHEN VERWENDEN ODER AUF ROTE BETE ZURÜCKGREIFEN. DIESES WINTER-CARPACCIO BRINGT RAUCHIGE RÖSTAROMEN, WÜRZIG-SÜSSE MANDELN UND OMEGA-3-REICHES LEINÖL AUF DEN TELLER.

CLIMATE FACT

RAMEN SIND SÄTTIGENDE, BUNTE NUDELSUPPEN AUS DER JAPANISCHEN KÜCHE. DIE HERSTELLUNG DER BRÜHE IST AUFWENDIG, ZU DEN EINLAGEN GEHÖREN AUSSER NUDELN MEIST AUCH GEBRATENES ODER FRITTIERTES FLEISCH UND EIER. DIE BRÜHE HIER GELINGT OHNE EXOTISCHE ZUTATEN, UND STATT EIERN WIRD EIN TOFU-SCRAMBLE ZUBEREITET. BUNTES GEMÜSE UND FEINE RAMEN-NUDELN MACHEN DIE SACHE RUND. EINE SCHALE VEGANE RAMEN SCHLÄGT MIT 291 GRAMM CO_2-ÄQUIVALENTEN ZU BUCHE, EINE TRADITIONELL JAPANISCHE MIT GEBRATENEM SCHWEINEFLEISCH UND EI BRINGT FAST DOPPELT SO VIELE CO_2-ÄQUIVALENTE (580 GRAMM) ZUSAMMEN – MIT RINDFLEISCH SOGAR 1096 GRAMM.

RAMEN MIT GEMÜSE, NUDELN UND SCRAMBLED TOFU

90 MIN. FÜR 4 PERSONEN

- **400 g Suppengemüse, zum Beispiel Karotte, Knollensellerie, Staudensellerie, Pastinake, Lauch**
- **1 EL Gemüsebrühepaste (Rezept siehe Seite 188)**
- **2 – 4 EL helle Misopaste aus Reis oder Lupinen**
- **2 – 3 EL Tamari oder Sojasauce**
- **200 g Kürbisfruchtfleisch**
- **200 g Blumenkohl**
- **Salz**
- **200 g Ramen-Nudeln**
- **200 g Tofu**
- **1 TL gemahlene Kurkuma**
- **1 TL edelsüßes Paprikapulver**
- **3 – 4 EL Öl**
- **200 g Seidentofu**
- **½ TL Kala Namak**
- **frisch gemahlener schwarzer Pfeffer**
- **Gemüsestroh (optional)**
- **Banana Peel Bacon (optional)**

Das Suppengemüse waschen und mit dem Sparschäler in feinen Streifen abziehen, nur Lauch und Staudensellerie in feine Ringe schneiden. 1 – 2 Liter Wasser mit der Gemüsebrühepaste zum Kochen bringen. Die Misopaste in etwas heißem Wasser glatt rühren und mit dem Suppengemüse in die Brühe geben. Die Suppe etwa 30 Minuten sieden lassen, bis das Gemüse gar ist und sich die Aromen entwickeln konnten. Zuletzt die Tamari unterrühren.

Während die Suppe siedet, die Einlagen zubereiten. Dafür Kürbis und Blumenkohl in Würfel schneiden beziehungsweise in Röschen teilen und in wenig Salzwasser dämpfen (das Gemüse kann je nach Saison und Verfügbarkeit variieren; statt es zu dämpfen, kann man es auch im Ofen backen oder anbraten). Die Ramen-Nudeln nach Packungsanleitung zubereiten. Und für den Tofu-Scramble den Tofu mit den Händen in eine Schüssel krümeln und mit Kurkuma sowie Paprikapulver vermengen. In einer großen Pfanne das Öl erhitzen und den Tofu darin auf allen Seiten knusprig braten. Nach etwa 5 Minuten den Seidentofu in Stücken unterheben. Mit Kala Namak und Pfeffer würzen.

Die Ramen-Brühe mit einigen Gemüsestreifen auf vier große Suppenschalen verteilen und mit Kürbis, Blumenkohl, Ramen-Nudeln, Tofu-Scramble und optional etwas Gemüsestroh sowie Banana Peel Bacon (Rezepte siehe Seite 190 und 191) garniert servieren.

ZWEIMAL MARONEN MIT ROTKOHL UND PULLED PILZ

70 MIN. FÜR 4 PERSONEN

Für den Pulled Pilz
- **400 g Austernpilze**
- **50 ml Olivenöl**
- **50 ml Sojasauce oder Tamari**
- **50 ml Ahornsirup**

Für die Maronencreme
- **400 g mehligkochende Kartoffeln**
- **1 Gemüsezwiebel**
- **Öl zum Braten**
- **1 TL Senfkörner (optional)**
- **200 g gegarte Maroni**
- **1 TL Salz**
- **200 ml Hafer-, Buchweizen- oder Sojadrink**

Für die glacierten Maroni
- **300 g gegarte Maroni**
- **Öl zum Braten**

Für den Preiselbeer-Rotkohl
- **600 g Rotkohl aus dem Glas**
- **200 g Preiselbeeren aus dem Glas**

Für den Pulled Pilz die Austernpilze in Streifen zupfen. Aus Olivenöl, Sojasauce und Ahornsirup eine homogene Marinade mixen und die Pilze damit tränken und 20 Minuten darin ziehen lassen.

Währenddessen den Backofen auf 170 °C (Umluft) vorheizen und die restlichen Komponenten des Gerichts vorbereiten.

Die Pilze aus der Marinade nehmen, auf einem mit Backpapier belegten Backblech verteilen und 20 – 25 Minuten im Ofen backen. Nach 15 Minuten wenden. Die Pilze sollten goldbraun und etwas knusprig sein. Die Marinade für die glacierten Maroni aufbewahren. Während der Backzeit mit den anderen Komponenten des Gerichts fortfahren.

Für die Maronencreme die Kartoffeln schälen, waschen und würfeln. Die Zwiebel abziehen und fein würfeln. In einem großen Topf etwas Öl erhitzen und die Zwiebel darin andünsten. Sobald sie etwas Farbe angenommen hat, die Senfkörner dazugeben und mitbraten, bis sie zu springen beginnen. Kartoffelwürfel und Maroni hinzufügen, salzen. Mit dem Pflanzendrink und etwa 100 Milliliter Wasser aufgießen, aufkochen lassen und anschließend alles bei geringer Hitze 25 Minuten garen, bis die Kartoffeln weich sind. Mit dem Kartoffelstampfer zu einem cremigen Püree verarbeiten. Bei Bedarf noch etwas heißes Wasser zugeben.

Für die glacierten Maroni diese in etwas Öl in einer großen Pfanne braten, bis sie goldbraun schimmern. Esslöffelweise (insgesamt 4 – 5 EL) mit der aufbewahrten Marinade ablöschen und diese bei mittlerer Hitze einreduzieren lassen.

Für den Preiselbeer-Rotkohl Letzteren in einem Topf erwärmen. Die Preiselbeeren unterrühren und kurz mit erwärmen.

Die Maronencreme, die glacierten Maroni und den Pulled Pilz auf vier Tellern anrichten und mit dem Preiselbeer-Rotkohl servieren.

FACT

DAS GERICHT BIETE EINE SCHÖNE ALTERNATIVE ZUR WEIHNACHTSGANS. DIE AROMEN VON GLACIERTEN MARONI, SAFTIGEM ROTKOHL UND PREISELBEFREN ERINNERN AN DIE KLASSISCHE FESTTAGSKÜCHE. DER PULLED PILZ VERLEIHT DER SPEISE DEN LETZTEN SCHLIFF UND TISCHT NOCH EINMAL REICHLICH UMAMI-GESCHMACK AUF. DIESE EDLE WINTERKÜCHE MACHT SATT UND KOMMT DABEI GANZ OHNE FLEISCH AUS.

WINTERRÜBEN-CURRY MIT ERDNUSS UND ANANAS

60 MIN. FÜR 4 PERSONEN

- **80 g Sojaschnetzel**
- **1 TL edelsüßes Paprikapulver**
- **1 TL gemahlener Kreuzkümmel**
- **½ TL Cayennepfeffer**
- **1 EL Zucker**
- **1 TL Salz**
- **1 Zwiebel**
- **1 Knoblauchzehe**
- **600 g Steckrüben**
- **200 g schwarze Bohnen aus dem Glas**
- **50 g getrocknete Ananasstücke**
- **etwas mildes Rapsöl zum Braten**
- **40 g Tomatenmark**
- **40 ml Sojasauce**
- **80 g Cashewmus**
- **20 ml Aceto balsamico**

Die Sojaschnetzel in 400 Milliliter kochend heißem Wasser 15 Minuten quellen lassen. Auspressen. Paprikapulver, Kreuzkümmel, Cayennepfeffer, Zucker und Salz verrühren und von Hand in die Sojaschnetzel einmassieren.

Die Zwiebel und den Knoblauch abziehen und fein würfeln. Die Rüben schälen und in große Würfel schneiden. Die Bohnen abgießen und abspülen, die Ananasstücke klein schneiden.

Das Rapsöl in einem großen Topf erhitzen und die Zwiebel darin rundum scharf anbraten. Knoblauch, Rüben, Bohnen und Ananas dazugeben und 2 Minuten mitbraten. Die Sojaschnetzel, das Tomatenmark und die Sojasauce hinzufügen, die Hitze reduzieren und alles mit wenig Wasser ablöschen. 5 Minuten schmoren lassen, dabei bei Bedarf gelegentlich umrühren.

In der Zwischenzeit aus Cashewmus, 300 Milliliter heißem Wasser und Balsamico eine Sauce mixen. In den Topf geben und alles weitere 10 Minuten köcheln lassen.

Tipp
Dazu passt Reis oder Hirse.

CLIMATE FACT

DIESES EINTOPFGERICHT VERWÖHNT MIT AROMEN DER ARABISCHEN, MAROKKANISCHEN UND NIGERIANISCHEN KÜCHE. DA ES, WIE DER NAME SCHON SAGT, IN EINEM TOPF GEKOCHT WIRD, SPART ES AUFWASCH, AUSSERDEM MACHT ES WUNDERBAR SATT. DIE RIND- ODER SCHWEINEFLEISCHSTREIFEN WERDEN DURCH SOJASCHNETZEL ERSETZT, DIE SCHWARZEN BOHNEN LIEFERN ZUSÄTZLICH GESUNDES PROTEIN. DA IST AUCH DIE KLIMABILANZ EINFACH KÖSTLICH!

PASTINAKEN-POMMES MIT ZWEIERLEI DIPS

45 MIN. FÜR 4 PERSONEN

Für die Pastinaken-Pommes

- **4–8 Pastinaken (je nach Größe)**
- **etwas mildes Rapsöl**
- **1 TL Chiliflocken oder ½ TL Cayennepfeffer**
- **1 Prise Zimtpulver**
- **Salz**
- **Fett für das Blech**

Für die Chipotle-Mayonnaise

- **½ Bio-Zitrone**
- **6 Datteln oder 1 EL Ahornsirup**
- **200 g pflanzlicher Joghurt**
- **1 TL Salz**
- **1 TL scharfer Senf**
- **½ TL Chipotle-Chilipulver**
- **200–300 ml mildes Rapsöl**

Für die Schwarze-Bohnen-Salsa

- **abgeriebene Schale und Fruchtfleisch von 1 Bio-Orange**
- **250 g schwarze Bohnen aus dem Glas**
- **½ TL Salz**
- **1 Messerspitze Paprikapulver**
- **2 EL Reisessig**
- **100 g Erdnussmus**
- **1 Peperoni**
- **1 Knoblauchzehe**
- **Korianderblätter**

Für die Pastinaken-Pommes die Pastinaken gründlich waschen und in lange Streifen und schmale Schnitze schneiden. Mit Öl, Chiliflocken oder Cayennepfeffer, Zimt und Salz vermengen und auf einem gefetteten Backblech verteilen. In 20–30 Minuten bei 170 °C (Umluft) im Backofen kross backen.

Während der Backzeit für die Chipotle-Mayonnaise die Zitrone heiß waschen und ebenso wie die Datteln in Stücke schneiden. Mit Joghurt, Salz, Senf und Chilipulver in den Mixer geben. In etwa 60 Sekunden cremig und glatt mixen. Dann das Rapsöl bei laufendem Mixer einfließen lassen, bis die Mayonnaise fest wird.

Für die Schwarze-Bohnen-Salsa das Orangenfruchtfleisch in Spalten teilen. Die Bohnen abgießen und mit Orangenabrieb sowie Orangenspalten in den Mixer geben. Gut vermixen. Salz, Paprikapulver, Reisessig und Erdnussmus hinzufügen und alles mithilfe der Pulsfunktion zu einem cremigen Dip verarbeiten.

Die Peperoni entkernen und klein schneiden. Den Knoblauch abziehen und ebenfalls klein schneiden. Die Korianderblätter grob hacken. Mit der Peperoni und dem Knoblauch unter die Salsa heben. Wer keinen Koriander mag, kann auch Petersilie oder Basilikum verwenden.

Die Pastinaken-Pommes noch heiß mit der Chipotle-Mayonnaise und der Schwarze-Bohnen-Salsa servieren.

Tipp

Die Schwarze-Bohnen-Salsa schmeckt übrigens auch hervorragend zu Tortillachips oder in Tacos.

FACT

NICHT NUR KARTOFFELN EIGNEN SICH WUNDERBAR, UM KNUSPRIGE FRITTEN DARAUS ZU BACKEN. DAS GEHT AUCH MIT PASTINAKE, PETERSILIENWURZEL, ROTER BETE, SÜSSKARTOFFEL, KÜRBIS UND TOPINAMBUR. SIE HABEN ALLESAMT EINEN GERINGEREN ÖKOLOGISCHEN FUSSABDRUCK ZU BIETEN ALS VORFRITTIERTE UND VERPACKTE POMMES AUS DEM TK-REGAL.

WINTER-OFENGEMÜSE MIT PETERSILIENWURZEL

45 MIN. FÜR 4 PERSONEN

- **2 kg gemischtes Wintergemüse, zum Beispiel Petersilienwurzel, Bete, Maronen und Rosenkohl**
- **1 Bio-Zitrone**
- **mildes Rapsöl**
- **gemahlener Schwarzkümmel, Kreuzkümmel oder klassischer Kümmel**
- **1–2 EL Apfeldicksaft**
- **1 TL Salz**
- **Fett für die Form**
- **Gewürzblüten zum Garnieren (siehe Tipp)**

Das Wintergemüse gründlich waschen und bei Bedarf putzen oder schälen (Petersilienwurzeln müssen nicht unbedingt geschält werden). In beliebige Stücke schneiden. Die Zitrone unter heißem Wasser abbürsten und in sehr feine Scheiben schneiden.

Die Gemüsestücke mit etwas Öl, Schwarzkümmel und Apfeldicksaft vermengen und salzen. Die Zitronenscheiben untermischen und alles in einer gefetteten ofenfesten Form verteilen. Bei 180 °C (Umluft) 30–40 Minuten im Backofen backen und mit Gewürzblüten garniert servieren.

Tipp

Besonders im Winter bringen essbare Blüten lebendige Farbimpulse auf den Teller. Diese Besonderheiten gibt es im Gewürzfachhandel (siehe Tipp Seite 191).

CLIMATE FACT

DIESE OFENGEMÜSEVARIATION BACKT SICH PRAKTISCH VON ALLEINE. SIE MACHT KÜCHE UND BAUCH SCHÖN WARM UND PASST AUSGEZEICHNET ZU SOUR CREAM, KAROTTENDIP ODER ERBSEN-GUACAMOLE (REZEPTE SIEHE SEITE 178 UND 177). KOMMT NOCH EIN WINTERSALAT DAZU, IST DAS WIRKLICH SAISONALE KÜCHE »AT ITS BEST«! OFENGEMÜSE MIT EINER VEGANEN PROTEINQUELLE WIE TOFU ODER GESCHMORTEM PORTOBELLO-PILZ HAT NUR EIN VIERTEL DER CO_2-ÄQUIVALENTE WIE DAS GLEICHE GERICHT MIT EINEM FISCHFILET (358 GRAMM VERSUS 1400 GRAMM PRO PORTION).

SELLERIE-RATATOUILLE
MIT GETROCKNETEN TOMATEN UND OLIVEN

60 MIN. FÜR 4 PERSONEN

- **1 große Knolle Sellerie**
- **½ Spitz- oder Weißkohl**
- **2–3 Knoblauchzehen (optional)**
- **50 g getrocknete Tomaten**
- **4–6 EL Olivenöl**
- **1 EL Kräuter der Provence**
- **2–4 EL Tomatenmark (optional)**
- **Dicksaft (optional)**
- **200 ml trockner Weißwein**
- **100 g Kalamata-Oliven**
- **Salz**
- **frisch gemahlener schwarzer Pfeffer**
- **Brotchips (Rezept siehe Seite 184)**

Den Sellerie schälen und in 1 Zentimeter große Würfel schneiden. Den Kohl von den äußeren, welken Blättern befreien und halbieren. Mit der Schnittfläche nach unten auf ein Schneidbrett legen und längs in Streifen und dann quer in Würfel schneiden. Den Knoblauch abziehen und mit der breiten Seite des Gemüsemessers flach drücken. Die getrockneten Tomaten in Stücke schneiden.

Das Olivenöl in einer tiefen Schmorpfanne erhitzen und den Knoblauch darin anbraten, bis er zu duften beginnt. Die getrockneten Tomaten dazugeben und ebenfalls anbraten. Kräuter der Provence, Tomatenmark und etwas Dicksaft unterrühren. Den Sellerie und Kohl hinzufügen und unter Rühren braten, bis das gesamte Gemüse gleichmäßig von Öl benetzt ist und sich die Kräuter gut verteilt haben. Bei Bedarf mit etwas Wasser ablöschen. Zugedeckt bei mittlerer bis großer Hitze 10 Minuten schmoren, dabei gelegentlich mit einem Holzlöffel umrühren.

Mit Weißwein ablöschen, die Oliven dazugeben, die Hitze etwas reduzieren und alles weitere 15 Minuten schmoren. Salzen und pfeffern. Nach Belieben mit etwas mehr Olivenöl beträufelt und mit Brotchips servieren.

Tipp

Mit einer Suppe oder einem Salat vorweg wird man rundum satt und glücklich.

CLIMATE FACT

RATATOUILLE IST EINES DER LIEBLINGSGEMÜSEGERICHTE DER DEUTSCHEN. IM WINTER SIND DIE NOTWENDIGEN ZUTATEN OHNE BEHEIZTE GEWÄCHSHÄUSER UND LANGE TRANSPORTWEGE JEDOCH NICHT ZU BEKOMMEN. DIESE WINTERGEMÜSE-RATATOUILLE BRINGT DIE FRANZÖSISCHEN AROMEN TROTZDEM AUF DEN TELLER – DANK GETROCKNETER KRÄUTER, GETROCKNETER TOMATEN UND OLIVEN – UND KOMMT DABEI GANZ OHNE WEIT GEREISTES GEMÜSE AUS. IN ZAHLEN SIND DAS NUR 207 GRAMM CO_2-ÄQUIVALENTE STATT 2014 GRAMM.

FOCACCIA

MIT ROMANESCO, ROSENKOHL UND GELBER BETE

60 MIN. + 2-4 STUNDEN GEHZEIT · FÜR 4-6 PERSONEN

Für den Focaccia-Teig (1 Blech)

- **¼ Würfel Hefe oder ½ Päckchen Trockenhefe**
- **1 TL Salz**
- **500 g Dinkel- oder Weizenmehl**

Für den Belag

- **Fett für das Blech**
- **300 g Sour Cream (Rezept siehe Seite 178)**
- **4 EL Hefeflocken**
- **500 g Wintergemüse, zum Beispiel Romanesco, Rosenkohl, Gelbe Bete**
- **Olivenöl**
- **100 g Datteln**
- **Salz**
- **frisch gemahlener schwarzer Pfeffer**
- **1 TL gemahlener Schwarzkümmel**

Für den Focaccia-Teig die Hefe in 300 Milliliter warmem Wasser auflösen. Salz und Mehl mischen und mit dem Wasser-Hefe-Gemisch vermengen, bis sich alles homogen verbunden hat. 2–4 Stunden gehen lassen.

Für den Belag den Backofen auf 180 °C (Umluft) vorheizen. Den Teig auf einem gefetteten Backblech verteilen, dabei bis in alle vier Ecken drücken. Die Sour Cream mit den Hefeflocken verrühren und auf dem Boden verstreichen.

Das Wintergemüse waschen und putzen. Den Romanesco in dünne Scheiben schneiden, die Rosenkohlröschen halbieren und die Gelbe Bete dünn hobeln. Alles mit Olivenöl beträufeln und den Focaccia-Teig mit dem Gemüse belegen. Die Datteln in Stifte schneiden und darüberstreuen. Mit Salz, Pfeffer und Schwarzkümmel würzen.

25–35 Minuten im Ofen backen. Nach der Hälfte der Backzeit die Temperatur auf 160 °C reduzieren, damit die Winter-Focaccia nicht zu dunkel wird.

Tipp

Dazu schmeckt ein Feldsalat.

CLIMATE FACT

PIZZA IM WINTER – NATÜRLICH MUSS DA ETWAS ANDERES HER ALS TOMATENSAUCE, AUBERGINEN, ZUCCHINI UND ARTISCHOCKEN. MIT ROMANESCOSCHNITZEN, ROSENKOHLRÖSCHEN UND GELBE-BETE-SCHEIBEN WIRD DAS GANZE GLEICH SAISONGERECHTER UND KLIMAFREUNDLICHER. UND FÜR DEN BODEN KANN STATT FOCACCIA- AUCH EIN KASTANIEN- ODER PIZZATEIG (REZEPTE SIEHE SEITE 89 UND 51) VERWENDET WERDEN.

BRATAPFEL
MIT MANDELN UND MARZIPAN

45 MIN. FÜR 4 PERSONEN

- **4 große Lageräpfel, zum Beispiel Boskop, Cox Orange, Jonagold oder Berlepsch**
- **Margarine oder Kokosöl für die Form**
- **100 g Mandeln**
- **Zimtpulver**
- **gemahlener Ingwer**
- **100 g Marzipanrohmasse**

Die Äpfel waschen und entkernen. Eine Auflaufform fetten, den Backofen auf 180 °C (Umluft) vorheizen. Die Mandeln hacken.

Die gehackten Mandeln, Zimt und Ingwer mit dem Marzipan verkneten. Die Marzipanmasse in 4 Portionen teilen und jeweils 1 Portion in die ausgestochenen Äpfel drücken. Die Äpfel in die Auflaufform setzen und 25–30 Minuten im Ofen backen.

Tipp

Nach Belieben mit Zimtzucker und Vanilleeis servieren.

CLIMATE FACT

DER KLASSIKER AUS DER KINDHEIT IST EIN WUNDERBAR SAISONALES DESSERT, FÜR DAS SICH LAGERÄPFEL WIE BOSKOP, COX ORANGE, JONAGOLD ODER BERLEPSCH HERVORRAGEND EIGNEN. UND WENN DIE ÄPFEL SCHON ETWAS MÜDE UND SCHRUMPELIG SIND, MACHT DAS GAR NICHTS – GENAU DAFÜR SIND WINTERREZEPTE WIE BRATÄPFEL IDEAL.

TIRAMISU
MIT SPEKULATIUS

30 MIN. + 12 STUNDEN KÜHLZEIT FÜR 4 PERSONEN

- **500 g Sojajoghurt**
- **100 g Cashewmus**
- **150 g Cashewbruch**
- **60 g Rohrzucker**
- **½ TL Zimtpulver**
- **abgeriebene Schale und Saft von 1 Bio-Orange**
- **1 Prise Salz**
- **1 Packung (ca. 200 g) veganer Spekulatius oder andere viereckige vegane Kekse**
- **50 g schwach entöltes Kakaopulver**

Sojajoghurt, Cashewmus, 100 Milliliter Wasser, Cashewbruch, Rohrzucker, Zimt, Orangenschale und Salz im Mixer in 1–2 Minuten cremig mixen.

Eine eckige, eher kleine Auflaufform (circa 20 × 20 cm) mit etwas Creme ausstreichen. Mit Spekulatius belegen, mit Orangensaft tränken und anschließend erneut Creme darüberstreichen. Mit Kakaopulver bestäuben, mit der nächsten Schicht Spekulatius belegen und diese wiederum mit Orangensaft tränken. Den Vorgang so lange wiederholen, bis die Creme aufgebraucht ist. Mit Creme und Kakaopulver abschließen.

Das Tiramisu mehrere Stunden ziehen lassen, am besten über Nacht.

CLIMATE FACT

DAS KÖSTLICHE, WINTERLICHE TIRAMISU BRINGT NICHT NUR EINE SCHLANKE KLIMABILANZ AUF DEN DESSERTTELLER - 681 GRAMM CO_2-ÄQUIVALENTE IM VERGLEICH ZU 1552 GRAMM CO_2-ÄQUIVALENTEN VON KLASSISCHEM TIRAMISU AUS MASCARPONE, SAHNE UND LÖFFELBISKUITS -, SONDERN AUCH JEDE MENGE WERTVOLLES TRYPTOPHAN AUS DER CASHEWNUSS, DAS DEN SEROTONINSPIEGEL ANSTEIGEN LÄSST UND SO AN DUNKLEN WINTERTAGEN FÜR GUTE LAUNE SORGT.

SCHOKOPUDDING
MIT GEBRATENER BANANE

30 MIN. + 6-8 STUNDEN KÜHLZEIT FÜR 4 PERSONEN

- **500 ml Soja- oder ein anderer Pflanzendrink**
- **50 g Rohrzucker + etwas mehr zum Bestreuen**
- **1 Packung Schokoladenpuddingpulver**
- **2 EL Kakaopulver**
- **½ TL Weihnachtsgewürzmischung oder Zimtpulver**
- **1 Prise Salz**
- **4 reife Bananen**
- **Kokosöl oder mildes Olivenöl**
- **Zimtpulver zum Bestäuben**

450 Milliliter Sojadrink mit dem Rohrzucker in einem Topf zum Kochen bringen. Den restlichen Sojadrink mit Puddingpulver, Kakaopulver, Weihnachtsgewürzmischung und Salz verrühren.

Sobald der Sojadrink im Topf zu kochen beginnt, die Mischung mit dem Puddingpulver und den Gewürzen hineingeben und unter ständigem Rühren 1–2 Minuten kochen lassen. Auf vier Dessertschalen oder Gläser verteilen und 6–8 Stunden kühl stellen.

Kurz vor Ende der Kühlzeit die Bananen schälen und längs halbieren. In einer beschichteten Pfanne etwas Öl erhitzen und die Bananenhälften auf beiden Seiten darin anbraten. Mit Zimt bestäuben und mit etwas Rohrzucker bestreuen. Den Schokopudding mit den gebratenen Bananen servieren.

Variante

Statt mit gebratenen Bananen kann der Schokopudding auch mit Orange und Grand Marnier serviert werden. Dafür 2 Orangen schälen und filetieren. Das restliche Fruchtfleisch sehr gründlich auspressen und mit 100 Milliliter zusätzlichem Orangensaft, den Kernen von 1 Kardamomkapsel, 1 Zimtstange und 50 Milliliter Grand Marnier aufkochen. Den Topf vom Herd nehmen und die Mischung etwas abkühlen lassen. Die Orangenfilets hineinlegen und alles mehrere Stunden, am besten über Nacht, ziehen lassen. Die Orangen-Gewürz-Likör-Mischung über den Schokopudding geben und servieren. Natürlich können die Orangenfilets auch ohne Alkohol zubereitet werden. Dann den Grand Marnier einfach weglassen und stattdessen mehr Orangensaft verwenden.

CLIMATE FACT

SCHOKOLADENPUDDING - KLASSISCHER GEHT ES KAUM. MIT PFLANZENDRINK ZUBEREITET, IST ER NUR FÜR EIN DRITTEL DER CO_2-EMISSIONEN VON GEWÖHNLICHEM SCHOKOPUDDING VERANTWORTLICH, UND MIT WINTERLICHEN GEWÜRZEN SOWIE GEBRATENEN BANANEN SERVIERT, WIRD AUS DER SCHLICHTEN NACHSPEISE EIN KÖSTLICHES HIGHLIGHT.

BASICS

EINFACHE BEILAGEN ALS SATTMACHER IM ALLTAG

CLIMATE FACT

GETREIDEBEILAGEN WIE HIRSE, POLENTA, BUCHWEIZEN, KOCHDINKEL ODER GRAUPEN KÖNNEN AUS REGIONALER LANDWIRTSCHAFT BEZOGEN WERDEN UND STOSSEN IM ANBAU SOWIE ENTLANG DER WERTSCHÖPFUNGSKETTE WESENTLICH WENIGER KLIMAGASE AUS ALS BEISPIELSWEISE REIS.

FLUFFIGE HIRSE ORIENTALISCH

30 MIN. FÜR 4 PERSONEN

- 250 g Hirse
- 4–8 Datteln, zum Beispiel die Sorte Deglet Nour
- 60 g Cashewkerne
- mildes Rapsöl oder Kokosöl zum Braten
- ½ TL Salz

Die Hirse in ein Sieb geben und mit heißem Wasser gründlich waschen, bis das Waschwasser klar bleibt. Die Datteln stifteln, die Cashewkerne grob hacken.

In einem mittelgroßen Topf etwas Öl erhitzen und die Cashewkerne sowie die Hirse darin andünsten. Sobald es aromatisch zu duften beginnt, die Dattelstifte und Salz unterrühren und ½ Liter Wasser angießen. Aufkochen und auf kleinster Flamme 15 Minuten köcheln lassen. Anschließend weitere 10 Minuten bei ausgeschaltetem Herd ziehen lassen.

Tipp
Die orientalische Hirse passt zu winterlichen Salaten sowie Eintopfgerichten und gibt mit dem Tofu-Kräuter-Salat von Seite 111 eine einfache, aber vollwertige Mittags- oder Abendmahlzeit ab.

DIE HIRSEPFLANZE IST, WAS BODENBESCHAFFENHEIT UND WASSERMENGE ANGEHT, RELATIV ANSPRUCHSLOS. WER BESONDERS NACHHALTIG EINKAUFEN MÖCHTE, WÄHLT HIRSE AUS DEUTSCHLAND ODER ÖSTERREICH.

BRATKARTOFFELN AUS ROHEN KARTOFFELN

30 MIN. FÜR 4 PERSONEN

- 1,6–2 kg festkochende Kartoffeln
- 1 Zwiebel (optional)
- Öl zum Braten
- Salz
- frisch gemahlener schwarzer Pfeffer
- Paprikapulver

Die Kartoffeln waschen und je nach Vorliebe mit oder ohne Schale in gut 1 Zentimeter große Würfel schneiden. Die Zwiebel abziehen und in Ringe schneiden. In einer möglichst großen Pfanne reichlich Öl erhitzen und die Zwiebelringe darin andünsten. Die Kartoffeln dazugeben, im heißen Öl wenden und gleichmäßig auf dem Pfannenboden verteilen.

Die Kartoffeln zugedeckt bei mittlerer Hitze etwa 10 Minuten schmoren lassen. Anschließend erneut wenden und weitere 10 Minuten schmoren lassen. Die Garzeit hängt von der Größe der Kartoffelwürfel sowie von der Füllmenge der Pfanne ab. Wenn die Würfel gar sind und schön knusprig knistern, mit Salz, Pfeffer sowie Paprikapulver würzen und heiß servieren.

Tipp
Bratkartoffeln passen zu Blatt- und Rohkostsalaten sowie zu Linsengerichten und ergeben mit Hummus und Tofu-Scramble (Rezepte siehe Seite 179 und 143) eine einfache, aber ausgesprochen proteinreiche Mahlzeit.

CLIMATE FACT

KARTOFFELN SIND DER PROTOTYP REGIONALER SÄTTIGUNGSBEILAGEN UND KÖNNEN DURCHAUS AUCH DIE HAUPTROLLE AUF DEM TELLER SPIELEN. DARÜBER HINAUS SIND SIE UNGLAUBLICH GESUND, LIEFERN WERTVOLLE MIKRONÄHRSTOFFE UND MACHEN LANGE SATT.

DINKELREIS, GERSTENGRAUPEN ODER PASTA-REIS

20 MIN.

- 60–80 g Trockenprodukt pro Person
- Oliven- oder Rapsöl
- Salz
- frische Kräuter der Saison

Das Getreide nach Packungsanleitung zubereiten. Vor dem Servieren etwas aromatisches Olivenöl oder buttriges Rapsöl, 1 Prise Salz und nach Belieben zum Gericht passende frische Kräuter unterrühren.

Die Getreide passen als Beilage zu allen Eintopfgerichten und Salaten und sind mit einem proteinreichen Dip wie Hummus oder Sour Cream (Rezepte siehe Seite 179 und 178) auch eine vollwertige kleine Mahlzeit.

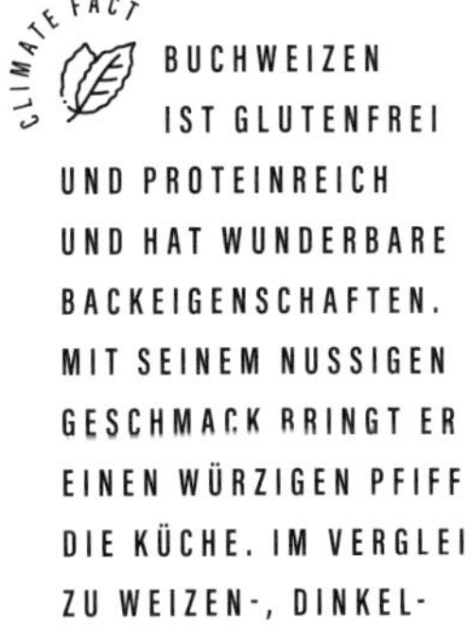

BUCHWEIZEN IST GLUTENFREI UND PROTEINREICH UND HAT WUNDERBARE BACKEIGENSCHAFTEN. MIT SEINEM NUSSIGEN GESCHMACK BRINGT ER EINEN WÜRZIGEN PFIFF IN DIE KÜCHE. IM VERGLEICH ZU WEIZEN-, DINKEL- UND ROGGENMEHL IST ER SOGAR DER GEWINNER MIT DEN GERINGSTEN CO_2-ÄQUIVALENTEN.

BUCHWEIZEN-RISOTTO

30 MIN. FÜR 4 PERSONEN

Für das Risotto

- **1 rote Zwiebel**
- **1 Knoblauchzehe**
- **2 EL Öl**
- **1 Messerspitze geräuchertes Paprikapulver (optional)**
- **Salz**
- **etwas Weißwein (optional)**
- **250 g Buchweizen**
- **frisch gemahlener schwarzer Pfeffer**
- **geröstete Mandeln oder geröstete Cashewkerne (optional)**

Für die Rahmsauce

- **50 g Mandel- oder Cashewmus**
- **1 Prise Salz**

Für das Risotto Zwiebel und Knoblauch abziehen und fein schneiden. In einem großen Topf das Öl erhitzen und die Zwiebel sowie den Knoblauch darin andünsten. Mit Paprikapulver und Salz verrühren und mit etwas Weißwein ablöschen. Den Buchweizen sowie ½ Liter Wasser dazugeben und den Buchweizen in 20 Minuten al dente garen.

Für die Rahmsauce Nussmus, 200 Milliliter Wasser und Salz zu einer Sauce verrühren. Diese unter den Buchweizen ziehen und das Risotto mit Salz und Pfeffer abschmecken. Mit gerösteten Mandeln bestreut servieren.

Tipp

Buchweizenrisotto kann als Beilage zu einer cremigen Pilzpfanne, zu (Rohkost-)Salaten oder zu gebackenem Gemüse genossen werden. Er ist aber auch für sich allein eine sättigende Basis, die mit Cashew-Sonnenblumenkern-Parmesan (Rezept siehe Seite 182), gebackenen Kürbisschnitzen (Herbst), Rosenkohl aus dem Ofen (Winter), jungen Karotten (Frühling) oder gebackenen Tomaten- und Auberginenscheiben (Hochsommer) zu einer attraktiven Mahlzeit zusammengestellt werden kann.

GRÜNE KRÄUTERPOLENTA

40 MIN.
FÜR 4 PERSONEN

Für die Polenta

- **600 ml Gemüsebrühe oder Buchweizendrink**
- **1 TL Salz**
- **150 g Maisgrieß**

Für das Kräuterpesto

- **200 g Petersilie, andere Kräuter oder übrig gebliebenes Grün von Radieschen, Roter Bete, Kohlrabi oder Grünkohl**
- **4 EL Olivenöl**
- **abgeriebene Schale und Saft von 1 Bio-Zitrone**
- **1–2 EL Apfelessig**

Für die Polenta 400 Milliliter Wasser zum Kochen bringen, Gemüsebrühe und Salz hineingeben und den Maisgrieß einrühren. Einmal aufkochen und anschließend auf dem ausgeschalteten Herd zugedeckt quellen lassen.

Währenddessen für das Kräuterpesto die Petersilie waschen und mit 200 Milliliter Wasser, Olivenöl, Zitronenschale, Zitronensaft und Apfelessig im Mixer pürieren.

Das Kräuterpesto unter die gequollene Polenta ziehen und diese weitere 15 Minuten quellen lassen – dabei saugt sie noch einiges an Wasser auf.

Tipp
Die Kräuter dürfen ruhig schon ein wenig welk sein, das tut dem Pesto geschmacklich keinen Abbruch. Polenta passt zu allem, was ein bisschen Biss und Struktur mitbringt, da sie selbst sehr cremig ist und förmlich auf der Zunge zergeht.

CLIMATE FACT

MAISGRIESS IST NICHT NUR PER SE KLIMAFREUNDLICH, SONDERN AUCH NOCH SUPERERGIEBIG. DIE POLENTA SAUGT SICH BEIM KOCHEN MIT WASSER VOLL UND MACHT WOHLTUEND SATT.

MARINIERTE HÜLSENFRÜCHTE

40 MIN. + 12 STUNDEN EINWEICHZEIT
FÜR 4-6 PERSONEN

Für die Hülsenfrüchte

- **500 g gemischte getrocknete Hülsenfrüchte, zum Beispiel Linsen, Kichererbsen, Bohnen und Erbsen**
- **1 TL Natron**

Für die Marinade

- **1 Bund Petersilie**
- **2–4 cm Ingwerwurzel (optional)**
- **1–2 Knoblauchzehen (optional)**
- **80 ml mildes Raps- oder Olivenöl**
- **80 ml Apfelessig oder Condimento bianco**
- **40 ml Apfeldicksaft**
- **1–2 TL Senf**
- **1 TL Salz**

Die Hülsenfrüchte über Nacht in mindestens 2 Liter Wasser einweichen. Am nächsten Tag abgießen, mit 1 ½ Liter frischem Wasser sowie dem Natron aufkochen und 25 Minuten köcheln lassen.

Währenddessen für die Marinade die Petersilie waschen und fein schneiden. Ingwer schälen, Knoblauch abziehen und beides ebenfalls fein schneiden. Öl, Essig, Apfeldicksaft, Senf und Salz gründlich verrühren. Petersilie, Ingwer und Knoblauch unterrühren.

Die Hülsenfrüchte in ein großes Sieb abgießen. In eine Schüssel geben, mit der Marinade vermengen und auskühlen lassen. In einem luftdicht verschlossenen Glas halten sie sich im Kühlschrank ca. 5 Tage.

Tipp
Hülsenfrüchte schäumen beim Kochen sehr. Deswegen ist es am besten, den Topfdeckel dabei etwas geöffnet zu lassen, damit die Hülsenfrüchte nicht ständig überkochen.

HÜLSENFRÜCHTE SIND KLIMAFREUNDLICHE PROTEINLIEFERANTEN UND AUSSERDEM RICHTIG GESUND – UND DAS NICHT NUR FÜR UNSEREN KÖRPER. AUCH DIE LANDWIRTSCHAFT PROFITIERT VON DEN LEGUMINOSEN, DA SIE REICHLICH STICKSTOFF BINDEN UND DIESEN ÜBER IHR WURZELGEFLECHT IN DEN BODEN ZURÜCKFÜHREN.

KÖSTLICHE SALATSAUCEN UND DRESSINGS

CREMIGES MACADAMIADRESSING
ARABISCHE SESAM-ZITRONEN-SAUCE
KLASSISCHES MEDITERRANES DRESSING

OMEGA-3-SALATSAUCE

- **60 ml mildes Raps- oder Walnussöl**
- **40 ml Lein- oder Hanfsamenöl**
- **100 ml Apfelessig**
- **1 EL Ahornsirup**
- **2 EL fein gehackte Petersilie**
- **1 TL klein geschnittene Nori-Algen (optional)**
- **1 TL Salz**

Die Öle, Essig, Ahornsirup, Petersilie, Nori-Algen und Salz mit 50 Milliliter Wasser im Mixer in 60 – 90 Sekunden cremig mixen. In Gläser füllen und kühl stellen.

Tipp
Die Omega-3-Salatsauce hält sich gekühlt und in sauberen, verschlossenen Gläsern bis zu 6 Tage. Besonders gut schmeckt sie in Rohkostsalaten (Karotte, Sellerie, Rote Bete, Topinambur), die ein intensives eigenes Aroma mitbringen und der Würze der Salatsauce etwas entgegensetzen können.

»THE ONE AND ONLY«-SALATSAUCE

- **100 ml mildes Raps- oder Olivenöl**
- **80 ml Apfelessig**
- **1 – 2 TL grobkörniger Senf**
- **1 EL Ahornsirup**
- **1 TL Salz**
- **gerebelte Kräuter (optional)**

Öl, Essig, Senf, Ahornsirup, Salz und Kräuter mit 50 Milliliter Wasser im Mixer in 60 – 90 Sekunden cremig mixen. In Gläser füllen und kühl stellen.

Tipp
» The one and only «-Salatsauce hält sich gekühlt und in sauberen, verschlossenen Gläsern bis zu 8 Tage. Durch das Mixen wird sie wunderbar cremig und dicht – geschmacklich eine absolute Verbesserung im Vergleich zu geschüttelt oder gerührt.

ASIA-SALATSAUCE

- **80 ml mildes Rapsöl**
- **80 g Tahini**
- **80 ml Apfel- oder Weißweinessig**
- **4 EL Tamari**
- **1 EL Misopaste**
- **1 EL Ahornsirup**

Rapsöl, Tahini, Essig, Tamari, Misopaste und Ahornsirup mit 100 Milliliter Wasser im Mixer in 60 – 90 Sekunden cremig mixen. In Gläser füllen und kühl stellen.

Tipp
Die Asia-Salatsauce hält sich gekühlt und in sauberen, verschlossenen Gläsern bis zu 8 Tage. Die würzige und kräftige Sauce passt ausgezeichnet zu gegrilltem Gemüse, vor allem zu gegrillten Auberginen, Paprikaschoten und Zucchini.

CREMIGES MACADAMIADRESSING

- 100 g Macadamiamus
- 50 ml Condimento bianco oder Reisessig
- 20 ml Tamari
- 1 Prise Salz

Macadamiamus, Essig, Tamari und Salz mit 100 Milliliter Wasser im Mixer in 60 – 90 Sekunden cremig mixen. In Gläser füllen und kühl stellen.

Tipp
Das cremige Macadamiadressing hält sich gekühlt und in sauberen, verschlossenen Gläsern bis zu 8 Tage. Die feine Salatsauce passt besonders gut zu Gurken- oder Reissalat.

ARABISCHE SESAM-ZITRONEN-SAUCE

- 120 ml frisch gepresster Zitronensaft
- 220 g Tahini
- 1 Prise Salz

Zitronensaft, Tahini und Salz mit 400 Milliliter Wasser im Mixer in 60 – 90 Sekunden cremig mixen. In Gläser füllen und kühl stellen.

Tipp
Die arabische Sesam-Zitronen-Sauce hält sich gekühlt und in sauberen, verschlossenen Gläsern bis zu 8 Tage. Sie eignet sich als Salat- und Nudelsauce, passt aber auch zu Hummus und Ofengemüse.

KLASSISCHES MEDITERRANES DRESSING

- 2 Stängel Basilikum (optional)
- 1 Knoblauchzehe (optional)
- 100 ml Olivenöl
- 100 ml Aceto balsamico
- 1 TL Senf
- 1 TL Salz

Das Basilikum waschen. Die Blätter von den Stängeln zupfen. Den Knoblauch abziehen und durch die Presse drücken. Basilikum, Knoblauch, Olivenöl, Essig, Senf und Salz im Mixer in 60 – 90 Sekunden cremig mixen. In Gläser füllen und kühl stellen.

Tipp
Das klassische mediterrane Dressing hält sich gekühlt und in sauberen, verschlossenen Gläsern bis zu 8 Tage. Es passt perfekt zu Tomatensalat, allen Sommersalaten und zu grünem Salat.

TOP-DIPS
FÜR JEDEN TAG
KÜRBISKETCHUP
SCHNELLER KAROTTENDIP
SEIDENTOFU-MISO-MAYO
ERBSEN-GUACAMOLE

CLIMATE FACT

SELBST GEMACHTE CREMES AUF GEMÜSEBASIS SIND EINE WUNDERBARE MÖGLICHKEIT, SAISONALES GEMÜSE ALS DIP ODER BROTAUFSTRICH ZU VERWENDEN. IM VERGLEICH ZU GEKAUFTEN CREMES HAT MAN HIER DIE ZUTATENLISTE GUT UNTER KONTROLLE UND BEKOMMT NICHT UNMENGEN AN SONNENBLUMENÖL AUFGETISCHT, DAS DIE OMEGA-3- UND OMEGA-6-BALANCE DURCHEINANDERBRINGT.

SEIDENTOFU-MISO-MAYO

20 MIN.

FÜR 1 GROSSES VORRATSGLAS À 600 ML

- 200 g Seidentofu
- ½ TL Salz
- 1 EL Senf
- 50 ml frisch gepresster Zitronensaft
- 2 EL helle Misopaste aus Reis oder Lupinen
- ca. 200 ml mildes Rapsöl
- ½ TL Kala Namak (optional)

Seidentofu, Salz, Senf, Zitronensaft und Misopaste im Mixer in 60–90 Sekunden cremig mixen. Das Rapsöl in einem dünnen Strahl einfließen lassen, bis die Masse zu stocken beginnt. Mit Kala Namak würzen und in ein sauberes Schraubglas füllen.

Tipp

Die Seidentofu-Miso-Mayo hält sich im Kühlschrank etwa 1 Woche und passt als Dip zu praktisch allem. Besonders gut schmeckt sie zu Schmor- und Pfannengemüse, dem sie Pfiff und Cremigkeit schenkt.

CLIMATE FACT

MAYONNAISE AUF SEIDENTOFUBASIS WIRD SCHNELLER FEST ALS BEI DER ZUBEREITUNG REIN MIT SOJADRINK UND PFLANZENÖL. AUSSERDEM IST SIE SO ETWAS WENIGER FETTIG. DIE MISOPASTE VERLEIHT IHR ZWAR EINE BESONDERE NOTE, MUSS ABER NICHT VERWENDET WERDEN. DA DIE MAYONNAISE KEINE EIER ENTHÄLT UND AUFGRUND DES SEIDENTOFUS WENIGER PFLANZENÖL BRAUCHT, IST SIE EIN KLIMALEICHTGEWICHT.

KÜRBIS-KETCHUP

20 MIN.

FÜR 2 GROSSE VORRATSGLÄSER À 600 ML

- 500 g Hokkaidokürbis
- 1 Zwiebel
- 2 Knoblauchzehen
- 80 g Datteln
- Öl zum Braten
- 2 TL Currypulver
- 200 g gehackte Tomaten aus der Dose
- 60 ml Weißweinessig
- Salz
- frisch gemahlener schwarzer Pfeffer

Den Kürbis putzen und würfeln, die Zwiebel sowie den Knoblauch abziehen und fein schneiden, die Datteln entkernen und grob zerkleinern. Etwas Öl in einem Topf erhitzen und die Zwiebel sowie den Knoblauch darin goldbraun anbraten. Datteln, Kürbis und Currypulver dazugeben und alles rundum andünsten. Mit Tomaten und Weißweinessig ablöschen, aufkochen und bei mittlerer Hitze 20 Minuten schmoren lassen.

Mit dem Stabmixer zu einem cremigen Ketchup pürieren und mit Salz sowie Pfeffer würzen. Noch heiß in Gläser füllen, diese verschließen und das Ketchup auskühlen lassen. Es hält sich im Kühlschrank etwa 2 Wochen.

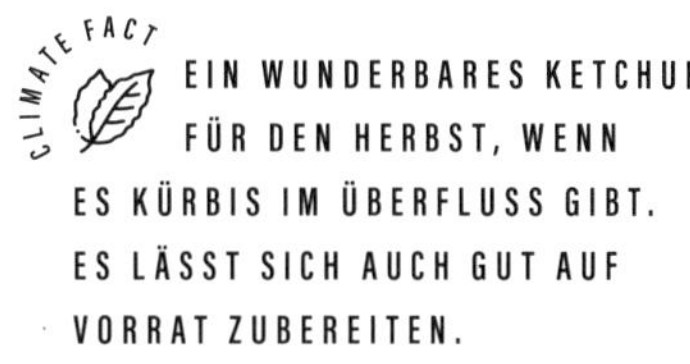

SCHNELLER KAROTTENDIP

20 MIN.
FÜR 1 GROSSES VORRATSGLAS À 600 ML

- **4 große Karotten, ca. 500 g**
- **100 g Sonnenblumenkerne oder Cashewbruch**
- **abgeriebene Schale und Saft von 1 Bio-Orange**
- **100 ml Olivenöl**
- **1 EL Ahornsirup**
- **1 Messerspitze gemahlener Kardamom**
- **1 TL Currypulver**
- **Salz**
- **frisch gemahlener schwarzer Pfeffer**
- **Chilipulver (optional)**
- **Schwarzkümmelsamen (optional)**

Die Karotten waschen, in dicke Scheiben schneiden und mit wenig Wasser in einem kleinen Topf 20 Minuten dämpfen. Abgießen, dabei das Kochwasser auffangen.

Mit Sonnenblumenkernen, Orangenschale, Orangensaft, Olivenöl, Ahornsirup, Kardamom, Curry und 1 Prise Salz cremig pürieren. Falls die Creme zu dick wird, ein wenig Karottenkochwasser zugeben. Mit Salz abschmecken, mit Pfeffer und Chilipulver würzen und einige Schwarzkümmelsamen unterziehen.

ERBSEN-GUACAMOLE

20 MIN.
FÜR 1 GROSSES VORRATSGLAS À 600 ML

- **400 g TK-Zuckererbsen**
- **2 Knoblauchzehen**
- **1 milde Peperoni**
- **4 EL Zuckermaiskörner**
- **abgeriebene Schale und Saft von 1 Bio-Zitrone**
- **4 EL milder heller Essig**
- **Salz**
- **frisch gemahlener schwarzer Pfeffer**

Die Zuckererbsen in einem kleinen Topf mit wenig Wasser aufkochen und 10 Minuten garen. Abgießen und etwas abkühlen lassen.

Den Knoblauch abziehen und sehr fein schneiden. Die Peperoni längs halbieren, entkernen und in feine Streifen schneiden. Den Zuckermais in ein Sieb geben und abtropfen lassen.

Die Zuckererbsen in einen hohen Behälter füllen und mit dem Stabmixer grob pürieren. In eine Schüssel geben und Knoblauch, Peperonistreifen, Zuckermais, Zitronensaft sowie Essig unterrühren. Mit Salz, Pfeffer und etwas Zitronenschale würzen.

Angewandt auf Seite 36.

CLIMATE FACT

NICHTS GEGEN AVOCADOS, DENN DER ÖKOLOGISCHE FUSSABDRUCK DER TROPENFRUCHT IST GAR NICHT SO ÜBEL. DER WASSERBEDARF DER BÄUME KANN FÜR DIE ANBAUGEBIETE DENNOCH HERAUSFORDERND SEIN. UND DIE HANDELSBEZIEHUNGEN IN LATEINAMERIKA SIND OFT KRIMINELL. DESWEGEN LIEBER AVOCADOS AUS SPANIEN KAUFEN ODER STATTDESSEN EINFACH EINE ERBSEN-GUACAMOLE GENIESSEN.

CHILI-LIMETTEN-CURRY-BUTTER

10 MIN.
FÜR 1 GROSSES VORRATSGLAS À 200 ML

- 1 kleine milde Chilischote
- 150 g zimmerwarme hochwertige Margarine
- abgeriebene Schale und Saft von 1 kleinen Bio-Limette
- ½ TL Currypulver
- 1 TL Salz

Die Chilischote längs halbieren, entkernen und in feine Streifen schneiden. Die Margarine cremig rühren und Limettenschale, Limettensaft, Chilistreifen, Currypulver sowie Salz unterrühren.

Tipp
Wer wegen des Palmöls auf Margarine verzichten möchte, kann die Chili-Limetten-Curry-Butter auch mit Cashewmus statt mit Margarine zubereiten.

CLIMATE FACT
BUTTER HINTERLÄSST EINEN GIGANTISCHEN ÖKOLOGISCHEN FUSSABDRUCK: FÜR 1 KILOGRAMM BUTTER BRAUCHT MAN 20 BIS 25 LITER MILCH. ALS STREICHFETT UND BACKZUTAT KANN BUTTER SEHR GUT DURCH HOCHWERTIGE MARGARINE ERSETZT WERDEN – GANZ OHNE GESCHMACKLICHE EINBUSSEN.

SOUR CREAM

20 MIN. + 8–12 STUNDEN ZIEHZEIT
FÜR 2 GROSSE VORRATSGLÄSER À 600 ML

- 4 Datteln oder 2 EL Ahornsirup
- 200 g Tofu
- 400 g Sojajoghurt oder Seidentofu
- 1 TL Senf
- Salz
- 1 EL Tamari oder Sojasauce
- 1 EL Apfelessig oder frisch gepresster Zitronensaft
- 1 Prise gemahlene Kurkuma
- 1 Prise Cayennepfeffer
- 100–200 ml Rapsöl oder 150 g Cashewmus

Die Datteln etwas einweichen und anschließend klein schneiden. Den Tofu zerbröseln. Datteln, Tofu, Sojajoghurt, Senf, Salz, Tamari, Apfelessig, Kurkuma und Cayennepfeffer im Standmixer oder mit dem Pürierstab glatt mixen. Bei laufendem Mixer das Rapsöl einarbeiten, bis die Creme fest wird.

Die Sour Cream in Gläser füllen und 8–12 Stunden im Kühlschrank ziehen lassen. Dadurch wird sie von der Struktur her noch fester und im Geschmack intensiver.

CLIMATE FACT
SELBST GEMACHTE SOUR CREAM IST IM VERGLEICH ZU SCHMAND ODER CRÈME FRAÎCHE AUS KUHMILCH EIN KLIMALEICHTGEWICHT – AUCH WENN SIE MIT NUSSMUS ALS FETTQUELLE ZUBEREITET WIRD.

WEISSE-BOHNEN-HUMMUS

20 MIN.

FÜR 1 GROSSES VORRATSGLAS À 600 ML

- **400 g weiße Bohnen aus dem Glas**
- **2 TL gemahlener Kreuzkümmel**
- **1 TL geräuchertes Paprikapulver**
- **1 TL Salz**
- **60 ml frisch gepresster Zitronensaft**
- **40 ml Olivenöl**
- **100 g Tahini**

Die Bohnen abgießen und abbrausen. Mit Kreuzkümmel, Paprikapulver, Salz, Zitronensaft und Olivenöl im Standmixer oder mit dem Pürierstab zu einer feinen Creme verarbeiten. Zum Schluss das Tahini untermixen.

CLIMATE FACT

HUMMUS IST EINE WUNDERBARE PFLANZLICHE PROTEINQUELLE, EGAL, OB DIE CREME AUS KICHERERBSEN, WEISSEN BOHNEN ODER ANDEREN HÜLSENFRÜCHTEN ZUBEREITET WIRD. IN KOMBINATION MIT GETREIDE WIE ZUM BEISPIEL VOLLKORNBROT SIND ALLE ESSENZIELLEN AMINOSÄUREN VORHANDEN UND WIR MIT EIWEISS TOP VERSORGT.

TOPPINGS UND ZERO-WASTE-REZEPTE 1

ORANGENZUCKER
BROTCHIPS
NUSSSALZ
GOMASIO

ZITRUS-KRÄUTER-SALZ

20 MIN.
FÜR 1 KLEINES GLAS À 200 ML

- **2–4 Stängel Salbei**
- **5–8 frische Rosmarinnadeln**
- **2 TL Fleur de Sel oder ein anderes grobes Salz**
- **2 EL Sesamsamen**
- **abgeriebene Schale von 1 Bio-Zitrone**

Die Kräuter waschen und trocken tupfen. Die Salbeiblätter von den Stängeln zupfen und quer in sehr feine Streifen schneiden. Die Rosmarinnadeln sehr fein hacken. Salz und Sesam im Mörser zerreiben und vermischen. Die Kräuter und die Zitronenschale mit dem Sesamsalz vermengen.

Tipp
Je mehr Kräuter hier zum Einsatz kommen, desto schneller sollte das Salz aufgebraucht werden, da es durch die Feuchtigkeit der Kräuter nicht lange haltbar ist. Das Salz ist nicht nur eine prima Resteverwertung für bereits leicht welke Kräuter und eine schon etwas »angeschlagene« Zitrone, es ist auch sehr gesund: Salbei wirkt entzündungshemmend, Rosmarin wärmend und die Zitrone immunstärkend.

CASHEW-SONNENBLUMENKERN-PARMESAN

30 MIN. + 30 MIN. AUSKÜHLZEIT
FÜR 2 KLEINE GLÄSER À 200 ML

- **100 g Cashewkerne**
- **150 g Sonnenblumenkerne**
- **50 g Hefeflocken**
- **1 Messerspitze gemahlene Kurkuma**
- **1 Messerspitze Cayennepfeffer**
- **1 Messerspitze Knoblauchpulver (optional)**
- **1 Prise Salz**
- **frisch gemahlener schwarzer Pfeffer**

Die Cashewkerne hacken und mit den Sonnenblumenkernen auf einem Backblech verteilen. Bei 100–120 °C (Umluft) im Backofen rösten, bis sie goldgelb schimmern und aromatisch duften. Aus dem Ofen nehmen und in etwa 30 Minuten auskühlen lassen.

Mit Hefeflocken, Kurkuma, Cayennepfeffer, Knoblauchpulver, Salz und etwas Pfeffer in den Mixer geben und zu einer krümeligen Masse verarbeiten. In Gläser füllen und diese gut verschließen.

Tipp
Dieser »Streukäse« für alle Gelegenheiten hält sich in saubere Gläser abgefüllt mehrere Monate.

GEKEIMTER GETROCKNETER BUCHWEIZEN

3-4 TAGE

- 100 g getrockneter Buchweizen

Den Buchweizen 4–6 Stunden wässern. Anschließend abgießen, gründlich waschen und in ein Keimglas oder einen Sprossenturm geben. Das Glas oder den Sprossenturm an einen hellen Ort stellen (allerdings nicht direkt in die Sonne).

Den Buchweizen in den kommenden Tagen 3- bis 4-mal täglich wässern und gut abtropfen lassen. So lange keimen lassen, bis 3–5 Millimeter lange Sprossen zu sehen sind. Anschließend können die Samen geerntet werden. Sie sind entweder unmittelbar in 1–2 Tagen aufzubrauchen oder lassen sich in getrockneter Form länger haltbar machen.

Zum Trocknen auf einem Backblech verteilen und bei 40–50 °C (Umluft) 2–3 Stunden im Backofen trocknen. Vollständig auskühlen lassen und zur Aufbewahrung in ein verschließbares Glas füllen.

Tipp

Gekeimter Buchweizen schmeckt milder und etwas süßer als ungekeimter und kann roh ins Müsli oder unter Salate gemixt werden.

GERÖSTETE KERNE

30 MIN.

FÜR 1 VORRATSGLAS À 500 ML

- **150 g Kürbiskerne**
- **150 g Sonnenblumenkerne**
- **100 g Pinienkerne**
- **50 g Sesam-, Lein- oder geschälte Hanfsamen**

Die Kürbis- und Sonnenblumenkerne mischen und in einer großen, flachen Pfanne ohne Fett bei mittlerer Hitze rösten. Dabei mehrfach wenden. Sobald die Kerne Röstspuren zeigen und zu duften beginnen, zum Auskühlen auf einen großen Teller geben.

Die Pinienkerne in die Pfanne geben und ebenfalls goldgelb rösten. Zu den anderen Kernen auf den Teller geben. Zum Schluss die Sesamsamen rösten und auf dem Teller auskühlen lassen. Die gerösteten Kerne in ein sauberes Schraubglas füllen.

Tipp

Die Kerne haben unterschiedliche Röstzeiten, weswegen sie nacheinander zubereitet werden. Sie halten sich etwa 4 Wochen und passen zu jedem Salat, zu Gemüse sowie zu Pasta- und Reisgerichten.

BROTCHIPS

30 MIN.

- altbackenes Brot, das sich noch schneiden lässt
- mildes Raps- oder Olivenöl
- Salz
- Gewürze nach Wahl, zum Beispiel Paprikapulver, Currypulver, Chiliflocken (optional)

Das Brot von Hand oder mit der Schneidemaschine in millimeterdünne Scheiben schneiden. Diese auf einem mit Backpapier belegten Backblech verteilen und mit Öl beträufeln. Leicht salzen und mit Gewürzen bestreuen. In 20 – 30 Minuten bei 140 °C (Umluft) im Backofen knusprig backen.

Varianten

Für Knoblauch-Brotchips Knoblauchzehen abziehen, durch die Presse drücken und vor dem Backen der Chips auf den Brotscheiben verteilen.
Für Asia-Peanut-Umami-Brotchips aus 50 Milliliter Sojasauce, 50 Milliliter Ahornsirup, 50 Milliliter Erdnuss- oder mildem Rapsöl sowie etwas Cayennepfeffer und Chipotle-Chilipulver eine Marinade mixen und diese vor dem Backen über die Chips träufeln.
Für provenzalische Brotchips am besten altbackenes Baguette oder ein anderes helles Brot verwenden. Dieses mit Olivenöl beträufeln und beim Backen einige Zweige Rosmarin sowie einige Stängel Thymian mit aufs Backblech geben.

Tipp

Die Brotchips sind eine wunderbare Möglichkeit, altbackenes Brot vor der Tonne zu retten. In einem luftdicht verschlossenen Behälter halten sie sich sehr lange.

ORANGENZUCKER

40 MIN. + 30 MIN. AUSKÜHLZEIT

- Schale von 8 – 10 Bio-Orangen
- 200 g Zucker

So lange sammeln, bis die Schalen von 8 – 10 Orangen zusammengekommen sind. Diese bis zur Weiterverarbeitung in einer Box im Kühlschrank aufbewahren.

Die Schalen auf der Microplane-Reibe abreiben. Dabei darauf achten, dass nicht zu viel weiße Haut mit abgerieben wird, denn diese würde den Zucker bitter machen.

Die geriebenen Schalen mit dem Zucker vermengen und auf einem mit Backpapier belegten Backblech verteilen. Den Orangenzucker bei 60 °C (Umluft) 30 – 45 Minuten im Backofen trocknen. Anschließend etwa 30 Minuten auskühlen lassen und in ein Schraubglas füllen.

Tipp

Der Orangenzucker ist eine tolle Möglichkeit, Orangenschalen zu verwerten! Denn gerade wer im Winter viele Zitrusfrüchte verspeist, hat auch viele Schalen übrig, die sich abreiben und zu Orangenzucker verarbeiten lassen. Dieser kann, je nach Intensität, zum Backen und für Desserts verwendet werden.

GOMASIO

20 MIN. + 30 MIN. AUSKÜHLZEIT
FÜR 2 KLEINE GLÄSER À 200 ML

- **200 g Sesamsamen**
- **100 g geschälte Hanfsamen (optional)**
- **50 g Salz**

Die Sesamsamen in einer Pfanne ohne Fett goldgelb rösten, bis sie zu springen beginnen. Etwa 30 Minuten auf einem Teller auskühlen lassen.

Sesam, Hanfsamen und Salz im Mixer krümelig mixen. Dafür am besten die Pulsfunktion verwenden, damit das Salz nicht zu fein wird und klumpt. In Gläser füllen und diese gut verschließen.

Tipp
Das Sesamsalz hält sich mehrere Monate, wenn es kühl und trocken gelagert wird. Es bereichert geschmacklich mit einem Hauch Levante und liefert eine kleine Extraportion Kalzium.

NUSSSALZ

30 MIN. + 30 MIN. AUSKÜHLZEIT
FÜR 2 KLEINE GLÄSER À 200 ML

- **200 g Para- oder Walnüsse**
- **100 g Cashewkerne oder Mandeln**
- **50 g Salz**
- **1 TL Paprikapulver**
- **1 Messerspitze Chilipulver**
- **1 TL Knoblauch- oder Zwiebelpulver (optional)**
- **1–2 EL Hefeflocken**

Paranüsse und Cashewkerne auf ein Backblech geben und bei 170 °C (Umluft) 15–20 Minuten im Backofen rösten. Auf einem Teller in etwa 30 Minuten auskühlen lassen.

Mit Salz, Paprikapulver, Chilipulver, Knoblauchpulver und Hefeflocken im Mixer grob mixen. Dazu am besten die Pulsfunktion verwenden, damit das Salz nicht zu fein wird und klumpt. In Gläser füllen und diese gut verschließen.

Tipp
Das Nusssalz hält sich mehrere Monate, wenn es kühl und trocken gelagert wird.

TOPPINGS UND ZERO-WASTE-REZEPTE 2

GEMÜSESTROH
MILCHSAUER EINGELEGTES GEMÜSE
KIMCHI

GEMÜSEBRÜHE-PASTE

30 MIN. CA. 20 PORTIONEN

- **1 Stange Lauch**
- **2–3 Wurzeln, zum Beispiel Petersilienwurzeln, Karotten und/oder Pastinaken**
- **weitere Gemüsereste und Wurzelgemüseschalen**
- **1 Bund Petersilie**
- **1 Zwiebel**
- **20 g Salz**
- **100 ml mildes Raps- oder Olivenöl + etwas mehr zum Bedecken**
- **Saft von 1 Zitrone**
- **20 g Hefeflocken (optional)**
- **20 g Misopaste (optional)**
- **abgeriebene Schale von 1 Bio-Zitrone (optional)**

Das Gemüse und die Petersilie gründlich waschen, damit keine Erdreste in die Paste kommen. Die Zwiebel abziehen und fein würfeln, den Lauch in feine Streifen schneiden. Die Wurzeln, Gemüsereste und Gemüseschalen ebenfalls fein würfeln oder schneiden, die Petersilie mitsamt den Stängeln fein hacken.

Die vorbereiteten Zutaten mit Salz, Öl, Zitronensaft, Hefeflocken, Misopaste und Zitronenschale im Mixer zu einer körnigen Paste verarbeiten. Diese in ein Glas füllen und mit etwas Öl bedecken.

Tipp

Die Paste hält sich im Kühlschrank mehrere Wochen und sollte bei der Verwendung nicht draußen stehen bleiben, damit sie keine Temperaturschwankungen erlebt und somit kein Kondenswasser entstehen kann.

SPROSSEN UND KEIMSAAT

Sprossen sind eine wunderbare Gelegenheit, gerade in den Wintermonaten und im Frühling eine ordentliche Portion frische Vitamine und bekömmliche Mineralstoffe zu tanken. Jeder Spross ist der Keim einer neuen Pflanze und enthält, verglichen mit ausgereiften Kräutern und Gemüsepflanzen, ein Vielfaches an Mikronährstoffen.

Sprossen wachsen in Keimgläsern oder, für erfahrene Züchter*innen, in einem Sprossenturm. Kresse braucht nur eine feuchte Unterlage aus Küchenkrepp oder Watte. Kresseliebhaber*innen können jedoch, um Müll zu vermeiden, auf ein »Kressesieb« zurückgreifen, mit dem sich große Mengen Kresse ganz einfach und effizient ziehen lassen.

GRÜNKOHL-CHIPS

30 MIN. FÜR 4 PERSONEN

- **800 g Grünkohl**
- **2–3 EL mildes Raps- oder Olivenöl**
- **Salz**

Den Grünkohl gründlich waschen, dabei insbesondere an den Stielen nach Erdresten, Schnecken und sonstigen Ablagerungen suchen. Trocken schütteln und die Blätter in großen Stücken von den Stielen zupfen. In einer Schüssel mit Öl und etwas Salz vermengen.

Auf einem mit Backpapier belegten Backblech verteilen und bei 150 °C (Umluft) in 20–25 Minuten im Backofen knusprig backen. Dabei nach 10 Minuten einmal wenden und insgesamt darauf achten, dass die Chips nicht zu dunkel werden.

Varianten

Wer es gern indisch mag, nimmt 2 – 3 EL mildes Rapsöl, etwas Ahornsirup und 1 TL Currypulver und vermengt die Grünkohlblätter damit. Vor dem Backen können sie dann noch mit 2 EL klein gehackten Cashewkernen bestreut werden.
Thailändisch wird es mit einer Marinade aus 2 – 3 EL Erdnussöl, 1 EL Erdnussmus, 2 – 3 EL Sojasauce, 2 EL Kokosblütenzucker, Chiliflocken sowie geriebenem oder fein geschnittenem Ingwer. Hier können die Grünkohlblätter vor dem Backen noch mit gehackten Erdnüssen bestreut werden. Bei dieser Variante den Grünkohl bei höchstens 140 °C so lange im Ofen rösten, bis die Chips schön kross sind.
Und wer es allgemein gern asiatisch mag, kann aus 2 – 3 EL Sesamöl sowie 2 EL Ahornsirup eine Marinade mixen und die Grünkohlblätter damit vermengen. Diese auf dem Blech verteilen, mit 1 – 2 EL Sesamsamen bestreuen, großzügig salzen und wie beschrieben backen.

Tipp

Grünkohlchips schmecken pur, ergänzen aber auch viele Gerichte wie zum Beispiel Winter-Bruschetta, Eintöpfe und Ofengemüse ideal.

APFELSCHALEN-CHIPS

3-4 MIN.

- **Schalen von gründlich gewaschenen Bio-Äpfeln, übrig geblieben zum Beispiel beim Backen eines Apfelkuchens**

Die Apfelschalen nebeneinander auf Backblechen verteilen und bei 80 °C (Umluft) im Backofen trocknen. Je nach Apfelsorte kann das 3 – 4 Stunden dauern. Zwischendurch die Ofentür immer wieder einen Spaltbreit öffnen, damit feuchte Luft entweichen kann. Die Apfelschalen 1 mal pro Stunde wenden.

Tipp

Ganz nach dem Motto Zero Waste wird hier aus Apfelschalen noch eine Köstlichkeit zum Knabbern gezaubert – doch natürlich eignen sich auch Apfelscheiben (maximal ½ Zentimeter dick) für dieses Rezept. Im Dehydrator können die Schalen bei noch geringeren Temperaturen getrocknet werden, was dann entsprechend länger dauert.

MILCHSAUER EINGELEGTES GEMÜSE

Das milchsaure Einlegen und Fermentieren sind uralte Kulturtechniken und prima dazu geeignet, eine reiche Ernte länger haltbar zu machen.

- **Gemüse, zum Beispiel Karotten, Rote Bete, grüner Spargel, Brokkoli, Blumenkohl**
- **Gewürze, zum Beispiel Rosmarinzweige, halbierte Peperoni, Pfefferkörner, Zitronenspalten**
- **Salz**

Das Gemüse gründlich waschen und mit sauberen Händen in saubere Gläser füllen. Die bei Bedarf ebenfalls gründlich gewaschenen Gewürze dazugeben.

Aus Salz und abgekochtem Wasser (pro 100 Milliliter Wasser 1 Gramm Salz) eine Lake herstellen, diese abkühlen lassen und die Gläser damit aufgießen. Die Gläser verschließen.

Zunächst bei Zimmertemperatur stehen lassen. Nach 2 bis 3 Tagen – sobald Luftbläschen aufsteigen – die Gläser in den Kühlschrank stellen. Dort setzt sich der Fermentationsprozess fort.

Tipp

Milchsauer eingelegtes Gemüse schmeckt erst nach mehreren Wochen bis Monaten richtig gut. Hier heißt es also: Geduld haben!

GEMÜSESTROH

30 MIN. FÜR 4 PERSONEN

- **Schalen von gründlich gewaschenem Wurzelgemüse, zum Beispiel beim Zubereiten von Gemüsegerichten und Suppen**
- **mildes Pflanzenöl**
- **Salz**
- **frisch gemahlener schwarzer Pfeffer (optional)**

Die Gemüseschalen gut trocknen und mit dem Pflanzenöl vermengen. Salzen und pfeffern.

Auf einem Backblech verteilen und bei 150 °C (Umluft) 20 – 30 Minuten im Backofen rösten. Dabei alle 10 Minuten wenden, damit die Schalen rundum rösten.

Tipp

Das Gemüsestroh schmeckt vorzüglich pur, aber auch als Topping auf Suppen und Salaten. Es ist eine tolle Verwertung für Gemüseschalen und der beste Grund, Wurzelgemüse zu schälen.

KIMCHI

- **800 g Chinakohl**
- **8 g Meer- oder Steinsalz**
- **5 cm Ingwerwurzel**
- **1 Chilischote**
- **1 EL Wakame-Algen**
- **1 Knoblauchzehe**
- **1 EL helle Misopaste**
- **abgeriebene Schale und Saft von 1 Bio-Zitrone**
- **1 Zitrone, in 8 Scheiben geschnitten**

Den Kohl waschen, längs vierteln und in breite Streifen schneiden. In eine große Schüssel geben, großzügig salzen und mit den Händen 5 Minuten gründlich kneten. Schon dabei tritt in der Regel etwas Wasser aus, und der Kohl wird elastischer. Eine zweite, mit Kartoffeln oder Steinen beschwerte Schüssel so in und über der Kohlschüssel platzieren, dass der Kohl zusammengepresst wird. Über Nacht bei Zimmertemperatur ziehen lassen.

Ingwer schälen, Chilischote entkernen. Beides sehr fein schneiden. Die Algen waschen und einweichen, den Knoblauch abziehen und durch die Presse drücken.

Den gepressten Kohl lockern, er müsste über Nacht Wasser gezogen haben und weicher geworden sein. Ingwer, Chili, Algen, Knoblauch, Misopaste, Zitronenschale, Zitronensaft und die Zitronenscheiben gründlich mit dem Kohl vermengen und alles mitsamt ausgetretenem Saft in ein großes Glas umfüllen. Dieses sollte vorher sehr gründlich gereinigt und am besten mit kochendem Wasser sterilisiert worden sein. Und es sollte so groß sein, dass es nur zu zwei Dritteln gefüllt ist, da der Kohl bei der Fermentation etwas »aufsteigt«. Bei Bedarf mehrere Gläser verwenden.

Damit die Fermentation richtig ablaufen kann, die Masse so dicht zusammenpressen, dass möglichst keine Luft mehr eingeschlossen ist und sich eine dünne Schicht Flüssigkeit obenauf absetzt. Falls das nicht klappt, das Kimchi mit etwas Salzwasser begießen. Dazu 5 Gramm Salz in 500 Milliliter abgekochtem Wasser lösen und dieses abkühlen lassen. Das Glas mit der Lake aufgießen, bis kein Gemüse mehr in Luftkontakt steht. Locker verschließen und das Kimchi bei Zimmertemperatur 3 bis 4 Tage reifen lassen. Da sich bei der Fermentation Gase bilden, steigt die Masse leicht nach oben; deswegen das Kimchi 1-mal täglich in die Lake zurückdrücken.

Nach 4 Tagen sieht man deutlich Bläschen aufsteigen. Die Fermentation läuft. Jetzt das Glas fest zudrehen und in den Kühlschrank stellen. Dort sollte das Kimchi noch 2 bis 3 Wochen reifen, dann ist es verzehrfertig.

BANANA PEEL BACON

FOTO SIEHE SEITE 142

- **Schale von 4–6 sehr reifen Bananen**
- **20 ml Olivenöl + etwas mehr zum Braten**
- **20 ml Sojasauce**
- **20 ml Ahornsirup**
- **2 g Salz**
- **½ TL geräuchertes Paprikapulver**

Mit einem Löffel das weiße Innere aus den Bananenschalen (pro Banane sind das etwa 4 Streifen) kratzen, sodass nur die Schale übrig bleibt. Olivenöl, Sojasauce, Ahornsirup, Salz und Paprikapulver verrühren und die Bananenschalen darin mehrere Stunden marinieren.

In einer großen Pfanne etwas Öl erhitzen und die Bananenschalen darin auf beiden Seiten goldgelb braten. Dabei mehrfach wenden. Aus der Pfanne nehmen und auf Küchenkrepp abtropfen lassen. Die Schalen sollten beim Abkühlen knuspriger werden.

Tipp

Der Banana Peel Bacon passt zu Burgern, Salaten und Ramen-Suppe (Rezept siehe Seite 143). Gut getrocknet und luftdicht verpackt, hält er sich ein paar Tage. Vor dem Verzehr dann erneut erhitzen, damit er wieder knusprig wird.

GETROCKNETE BLÜTEN

Tipp

Viele Blüten sind essbar und können abgezupft und dann im Dehydrator oder im Ofen bei niedrigster Temperatur getrocknet werden. Wer sich dafür interessiert, dem sei geraten, eine Wildkräuterschulung zu besuchen und tiefer in das Thema Essbares aus Wald und Wiese einzusteigen. Wer Speisen gern mit getrockneten essbaren Blüten garniert, wird zudem im Bio-Handel im Ressort Gewürze fündig.

»WENN DER MODERNE MENSCH DIE TIERE, DEREN ER SICH ALS NAHRUNG BEDIENT, SELBST TÖTEN MÜSSTE, WÜRDE DIE ANZAHL DER PFLANZENESSER INS UNERMESSLICHE STEIGEN.«

Christian Morgenstern | Poet

RUND UMS JAHR

In diesem Buch gibt es ein paar Rezepte, die sich in allen vier Jahreszeiten-Kapiteln wiederholen und ganz ähnlich heißen. Warum das?

PIZZA UND BRUSCHETTA

Pizza und Bruschetta kennen wir nur mit Sommergemüse aus Italien und Spanien. So werden sie auch das ganze Jahr hindurch gemacht – mit reichlich Tomaten, Basilikum, Auberginen, Paprika und Zucchini. Mit der saisonalen und regionalen Küche aber hat das leider nichts mehr zu tun. Wir denken kaum mehr über die Zutaten, die wir verwenden, nach, weil im Supermarktregal das ganze Jahr über alles verfügbar ist.

Tomaten, Paprika, Auberginen, Zucchini und Co. wachsen in Herbst, Winter und Frühling jedoch nur in stark beheizten Gewächshäusern und legen aus Spanien und Italien weite Transportwege zurück, ehe sie bei uns im Regal landen. Darüber hinaus brauchen diese Gemüseplantagen reichlich Bewässerung, da es in den Anbauregionen weniger regnet – doppelt ungünstig für die ansässige Bevölkerung, die zum Teil extrem Wasser sparen muss. Sommergemüse im Sommer, aus der eigenen Region, ist also nicht das Gleiche wie importierte Ware, im Supermarkt gekauft.

Somit ist beispielsweise auch der Water Footprint, der Teil des ökologischen Fußabdrucks ist, einer Tomate variabel. Es ist immer mitzuberechnen, woher die Tomate kommt und mit welcher Art Wasser sie gegossen wurde (siehe dazu auch Seite 209). Der Haltbarkeit wegen werden die Früchte noch dazu unreif geerntet und sind fast geschmacklos. Somit liegen auch kulinarisch Welten zwischen einer regionalen Tomate vom Wochenmarkt im Sommer und dem Abbild einer Tomate aus Spanien im Supermarkt im Winter.

Deswegen gibt es in diesem Buch zwar im Frühling, Herbst und Winter auch Pizza, Bruschetta und Ratatouille – aber eben »anders«: regional, saisonal und außergewöhnlich lecker. Lass dich überraschen!

Die Rezepte

- Frühlingspizza mit Chicorée und Käsesauce (siehe Seite 51)
- Pizza Ortolana (siehe Seite 89)
- Winter-Focaccia mit Romanesco, Rosenkohl und Gelber Bete (siehe Seite 154)
- Frühlings-Bruschetta mit Erbsen-Guacamole und Kresse (siehe Seite 36)
- Sommer-Bruschetta mit Knoblauch und Basilikum (siehe Seite 69)
- Herbst-Bruschetta mit Fenchel und Salbeichips (siehe Seite 105)
- Winter-Bruschetta mit Bete und Pilzen (siehe Seite 135)

SCHMOR-GERICHTE

Neben Pizza und Bruschetta gibt es in jedem Jahreszeiten-Kapitel auch jeweils ein Schmorgericht, meist mit Sojaschnetzeln und Linsen oder anderen Hülsenfrüchten. Die Zubereitung der vier Gerichte ist sehr ähnlich – dennoch habe ich mich bewusst dafür entschieden, vier Versionen zu schreiben statt einer, bei der dann lapidar »kann je nach Jahreszeit variiert werden« stehen würde.

Was ich dir mit diesen Rezepten zeigen möchte, ist, wie intuitives Kochen funktioniert und wie frei du auch andere Rezepte aus diesem Buch in andere Jahreszeiten »übersetzen« kannst. Mach dir klar, aus welchen Schritten das Rezept aufgebaut ist. Dann überleg dir, welches Gemüse in deinem Kühlschrank wartet oder welche Hülsenfrüchte beziehungsweise welches Getreide du gern zubereiten möchtest. Und dann wandle ab. Vertrau dir – es klappt ganz sicher. Es braucht nur ein bisschen Mut und Kreativität. Und Lust auf ein Geschmacksabenteuer.

Die Rezepte

- Grüne-Linsen-Curry mit Erdnusssauce und Crunch (siehe Seite 54)
- Curry mit Süßkartoffeln und Auberginen (siehe Seite 93)
- Soja-Geschnetzeltes in Pilzrahm mit Belugalinsen (siehe Seite 122)
- Winterrüben-Curry mit Erdnuss und Ananas (siehe Seite 146)

OFENGEMÜSE

Ofengemüse geht eigentlich immer, besonders wenn wenig Zeit zum Kochen ist und es schnell gehen muss, etwa wenn man erst spät nach Hause kommt. Hier ein kleiner, erprobter Strategietipp: erst kochen und dann »ankommen«. Zuerst rasch das Gemüse waschen und schneiden. Ein paar Gewürze drüber, einölen und ab aufs Backblech. Vielleicht noch Tofuwürfel oder Tempehscheiben dazu, dann das Blech in den Backofen schieben. Einen Topf mit Hirse, Buchweizen oder Quinoa aufsetzen oder Couscous aufbrühen. Und während das Gemüse backt und das Getreide gart, ist Zeit, um richtig anzukommen. Ein paar Minuten für dich und die Familie. Nach einer halben Stunde ist das Ofengemüse gebacken, die Beilagen sind fertig gegart. Möglicherweise war sogar noch etwas Zeit, um einen Salat zu machen.

Warum gibt es in diesem Buch dann vier Rezepte für Ofengemüse? Weil zu jeder Jahreszeit andere Gemüsesorten reif sind und so die regionale Küche funktioniert.

Die Rezepte

- Bunter Sommersalat mit Pilzen und Kichererbsen (siehe Seite 76)
- Kichererbsensalat mit Paprika, Cashew und Dattel (siehe Seite 82)
- Buntes Herbstgemüse mit Kürbis und Gelber Bete (siehe Seite 116)
- Winter-Ofengemüse mit Petersilienwurzel (siehe Seite 150)

NO-MILCH-PRODUKTE UND PFLANZEN-FLEISCH – HOW DO I GET MY PROTEINS?

MILCHPRODUKTE – GAR NICHT KLIMAFREUNDLICH

Milchprodukte sind äußerst ressourcenintensiv und klimaschädlich. Zum einen durch die Herstellung von Kraftfutter aus Sojaschrot, der weitgehend aus Südamerika importiert wird.[24] Zum anderen durch das Methangas, das Kühe beim Verdauen ausstoßen.

Die Menge an Milch einer Hochleistungskuh heute ist zehnmal so groß wie die Menge Milch einer Urkuh. Diese gab nur Milch, solange das Kälbchen klein war. Heute dagegen werden Milchkühe in einer Hormonspirale gehalten, um permanent Milch zu produzieren. Das ist pure Tierquälerei und verkürzt die Lebenszeit der Kuh auf ein Drittel.

Kühe ernähren sich natürlicherweise von Gras und Klee. Heute erhalten sie überwiegend Kraftfutter aus Getreide, Sojaschrot und zugesetzten Fetten sowie Nahrungsergänzungsmitteln. Folglich brauchen Milchkühe auch wesentlich mehr Trinkwasser, da das Kraftfutter im Gegensatz zu Grünfutter kaum Wasser enthält.[25]

TOFU-SOUR-CREAM STATT FRISCHKÄSE UND QUARK

Selbst gemachte Sour Cream (Rezept siehe Seite 178) aus Seidentofu und Tofu, verfeinert mit etwas Salz, Senf, Zitrone und mildem Pflanzenöl, hinterlässt im Durchschnitt einen geringeren ökologischen Fußabdruck als die vergleichbare Menge vollfetter Streichkäse oder Quark – und schmeckt mindestens ebenso cremig und aromatisch. Sie eignet sich pur aufs Brot mit Sprossen, gehackten Kräutern oder Gemüsescheiben oder als Pendant für den Kräuterquark zu Pell- oder Ofenkartoffeln.

Ähnliches gilt für Seidentofu statt Mozzarella, der entweder mit Cashewkernen zu einem selbst gemachten Cashew-Mozzarella verarbeitet werden kann oder pur in Kombination mit Tomaten zum Einsatz kommt (siehe Ochsenherztomaten mit Seidentofu und Sesamöl, Seite 73).

NUSSPARMESAN STATT PARMESAN AUS KUHMILCH

Für 1 Kilogramm Parmesankäse braucht man mehr als 13 Liter Kuhmilch, weil der Käse ja lediglich aus der Trockenmasse der Milch hergestellt wird und das Wasser aus der Milch dabei verschwinden muss. Nussparmesan dagegen wird aus ohnehin schon trockenen Nüssen hergestellt und braucht deswegen viel weniger »Rohstoff« – für 1 Kilogramm Parmesan aus Cashewkernen nämlich nur 800 Gramm Nüsse (Rezept siehe Seite 182).

PFLANZLICHE EIWEISSQUELLEN

Auch die Proteinzufuhr kann man klimafreundlich sichern. Der Verzehr von Fleisch, Fisch und Geflügel ist unter dem Aspekt des Umweltschutzes, der Ernährungsgerechtigkeit und der Tierethik längst überholt und für die moderne Ernährung des Menschen nicht mehr zwingend notwendig. Insbesondere in der westlichen Welt ist die Nahrungsmittelversorgung derart gut gesichert, dass wir absolut ohne tierisches Protein auskommen können. Die Eiweißversorgung über Soja (Tofuprodukte und Tempeh), Weizeneiweiß (Seitan), Erbsen (pflanzliche Fleischalternativen) und andere Hülsenfrüchte (Linsen, Kichererbsen, Bohnen) sowie Nüsse und Samen liefert bei einer ausgewogenen und durchdachten Zusammenstellung der Nahrung vollwertiges Protein in ausreichender Menge.

Eine vegane Ernährung kann pro Person und Jahr 2 Tonnen CO_2-Emissionen einsparen.[26] Darüber hinaus besitzt sie weiteres Potenzial, weil auf den vielen frei gewordenen Landflächen Bäume als CO_2-Senker wachsen können. Damit liegt das Potenzial sogar bei knapp 7 Tonnen CO_2 pro Person.[27]

Am Beispiel Erbsenproteinfleisch bedeutet das konkret, dass hier in der Herstellung im Vergleich zu Hühner- oder Schweinefleisch zwischen 74 und 81 Prozent weniger CO_2 und zwischen 41 und 46 Prozent weniger Wasser anfallen. Bei Rindfleisch ist das Einsparpotenzial sogar noch wesentlich größer, da Rindfleisch nun mal Klimakiller Nummer eins ist.

Weltweit wird so viel Geld in die Erforschung von Fleischersatzprodukten investiert, dass die Boston Consulting Group Folgendes voraussagt: Bis zum Jahr 2040 wird der Verzehr von tierischem Fleisch von 90 auf 40 Prozent Marktanteil sinken. Dagegen wird der Verzehr von pflanzlichem Fleisch von aktuell 10 auf 60 Prozent ansteigen. Oder, wie Hanni Rützler es im FOOD-REPORT 2023 ausdrückt: »Die Frage ist nicht, ob wir in Zukunft noch Fleisch essen werden, sondern welches.«

CO_2-EMISSIONEN IM VERGLEICH

MOUSSE AU CHOCOLAT AUF SEIDENTOFUBASIS *versus* MOUSSE AU CHOCOLAT MIT BUTTER, EIERN UND SAHNE

Eine vegane Mousse auf Seidentofubasis mit geschmolzener Schokolade und Nussmus (Rezept siehe Seite 126) schmeckt genauso luftig und cremig wie ihr französisches Pendant auf der Basis von Eiern, Butter und Sahne. Dabei ist sie beinahe ein Leichtgewicht: Sie bringt nicht nur weniger Kalorien auf die Waage (circa 350 Kilokalorien/130 Gramm versus 420 Kilokalorien/130 Gramm), sondern auch wesentlich weniger CO_2-Äquivalente (220 Gramm versus 630 Gramm). Und wenn sie zu lange im Warmen steht, wird sie höchstens weich, während bei der altbekannten Zubereitung mit Ei schon mal ein Salmonellennest daraus werden kann.

VEGANES WINTER-TIRAMISU *versus* TIRAMISU MIT MASCARPONE

Unser Winter-Tiramisu mit Cashew-»Mascarpone«-Creme und veganen Keksen (Rezept siehe Seite 158) bringt pro Portion 681 Gramm CO_2-Äquivalente auf den Teller. Der italienische Klassiker mit Mascarpone legt mehr als das doppelte Gewicht Klimagase darauf, nämlich 1552 Gramm CO_2-Äquivalente.

KARTOFFELSALAT MIT BOHNEN-NUSS-BÄLLCHEN *versus* MIT HACKFLEISCHBÄLLCHEN

Auch einfache Gerichte können ganz unterschiedlich zu Buche schlagen: Ein Kartoffelsalat mit veganen Bohnen-Nuss-Bällchen bringt im Gegensatz zu Kartoffelsalat mit Fleischbällchen aus gemischtem Hack statt rund 1000 Gramm CO_2-Äquivalenten nur etwa 400 Gramm CO_2-Äquivalente auf die Waage. Fleischbällchen aus purem Rinderhack verursachen hingegen noch mehr Emissionen.

NAVETTEN-CARPACCIO *versus* KLASSISCHES CARPACCIO

Das Rindercarpaccio gehört zwar nicht zur täglichen Ernährung und wird im privaten Haushalt wohl eher selten zubereitet. Es ist jedoch eine klassische Vorspeise der italienischen Küche. Ideal zur Zubereitung eines Carpaccios eignen sich Gemüseknollen. Das dünne Hobeln kitzelt bei Winter- wie Sommergemüse noch ganz andere Aromen hervor als das Schneiden in dickere Scheiben und sollte deshalb unbedingt Eingang ins Repertoire der Lieblingsrezepte finden – auch zu Hause. Ein klassisches Carpaccio für vier bis sechs Personen mit 400 Gramm Rindfleisch, 50 Gramm Parmesan und 100 Gramm Pinienkernen verursacht 4207 Gramm CO_2-Äquivalente. Unser Winter-Carpaccio aus Navetten mit Pilzen und Leinöl (Rezept siehe Seite 140) liegt dagegen nur bei 231 Gramm.

TOFU-SCRAMBLE
versus
RÜHREI

Eier gehören zu den Lieblingsspeisen vieler Menschen, egal ob gekocht, als Rühr- oder Spiegelei gebraten, aufs Brot gelegt oder zu Bratkartoffeln und Spinat. Doch macht das Ei wirklich einen so großen Unterschied? Ja, das macht es. Während Tofu-Scramble mit 552 Gramm CO_2-Äquivalenten zu Buche schlägt, kommt das Ei auf 986 Gramm CO_2-Äquivalente. Vielleicht ist das ja jetzt ein Grund, den leckeren Scrambled Tofu aus der japanischen Nudelsuppe (Rezept siehe Seite 143) einmal auszuprobieren und dem Sonntagsbrunch einen neuen Star auf dem Teller oder im Eierbecher zu bescheren.

PULLED PILZ
versus
PULLED PORK

Aromatisch, fleischig, saftig, umami – das können Pilze genauso gut wie Schweinefleisch. Unser Pulled Pilz mit Maronencreme, glacierten Maroni und Preiselbeer-Rotkohl (Rezept siehe Seite 144) kann beides: ein besonderes kulinarisches Schmankerl sein und den CO_2-Fußabdruck klein halten. In obigem Gericht kommen 1377 Gramm CO_2-Äquivalente pro Person auf den Tisch – im gleichen Gericht mit Pulled Pork zubereitet dagegen 2203 Gramm CO_2-Äquivalente pro Person.

Hier ist interessanterweise noch zu beobachten, wie die vorgegarten Maroni sowie die Preiselbeeren und das Rotkraut aus dem Glas die Klimabilanz nach oben treiben. Würde man rohe Maroni kaufen, sie selbst garen und weiterverarbeiten und das Rotkraut aus Rotkohl selbst zubereiten, wären die Emissionen geringer. Auch Fertigprodukte belasten die Klimabilanz also mehr als unverarbeitete Lebensmittel, die zu Hause zubereitet werden. Die Wertschöpfungskette über die industrielle Verarbeitung, die Verpackung, den Transport und gegebenenfalls die Kühllogistik schlägt sich auch in den Emissionen nieder.

CHILI SIN CARNE *versus* CHILI CON CARNE

Wir haben das allseits beliebte Chili für dich einmal vegan zubereitet und berechnet (Rezept siehe Seite 84) und dann statt Kidneybohnen und Paranüssen Rinderhackfleisch verwendet. Die Bilanz spricht eindeutig für die pflanzliche Version, das Chili sin Carne: Hierbei kommen 798 Gramm CO_2-Äquivalente zusammen, verglichen mit 1214 Gramm CO_2-Äquivalenten bei Chili con Carne aus Rinderhackfleisch.

KICHERERBSENCURRY *versus* HÜHNERCURRY

Beim asiatischen Curry haben wir die Version aus Gemüse, Kokosmilch und Kichererbsen – dem » Hühnchen der Veganer « – (Rezept siehe Seite 93) mit der Version aus Gemüse, Kokosmilch und Hähnchenstreifen verglichen. Auch hier sieht man, wie sich die Klimabilanz fast verdoppelt: 703 Gramm CO_2-Äquivalente versus 1200 Gramm CO_2-Äquivalente. Also: Probier's mal ohne Fleisch und steig um auf Kichererbsen, Linsen und (pflanzlichen Ge-)Nuss!

KLIMAWANDEL – VERSTÄNDLICH ERKLÄRT VON EATERNITY

Das Team von Eaternity (www.eaternity.org), einer Forschungs- und Klimaorganisation mit Hauptsitz im Schweizerischen Zürich, auf deren Daten und Fakten die folgenden Seiten basieren, hat über die letzte Dekade die wohl größte Datenbank in puncto klimarelevante Auswirkungen unseres Ernährungsverhaltens gefüttert und stellt dieses Wissen für alle verständlich bereit. Das Klimaposter auf Seite 28/29 im Buch kann als Küchenposter, Unterrichtsmaterial oder für die Speisekartengestaltung im Format DIN A2 unter folgendem QR-Code bestellt werden:

Hier geht's zur Klimaposter-Bestellung

Weltweit forscht die Menschheit an erneuerbaren Energien, geschlossenen Wertschöpfungskreisläufen und emissionsfreier Mobilität, dabei ist kein technischer Fortschritt so effektiv und effizient, wie die Ernährungswende der Gesellschaft es wäre.

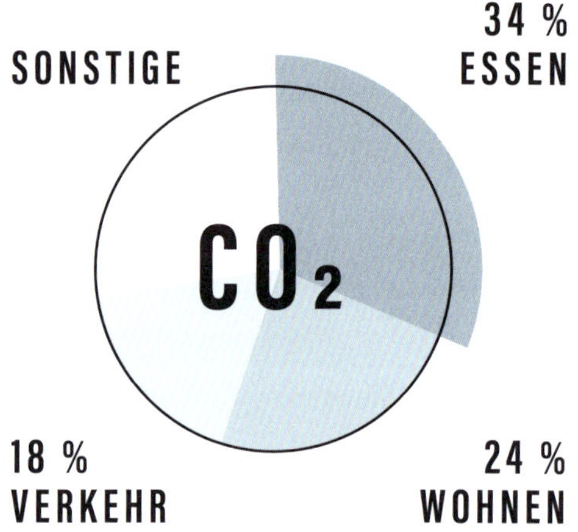

Unbestritten sind technische Errungenschaften wichtig. Dennoch kommen über 34 Prozent des vom Menschen gemachten CO_2-Fußabdrucks durch die Lebensmittelwahl und das Ernährungsverhalten zustande.[28] Pro Person sind das in der westlichen Welt mehr als 2 Tonnen CO_2-Äquivalente im Jahr, mehr, als wir pro Kopf durch Fortbewegung und den Energieverbrauch zum Leben und Arbeiten erzeugen.

Food Fact

Die Emissionen im Ernährungsbereich lassen sich durch umsichtiges Einkaufsverhalten und eine kluge Nahrungsmittelauswahl um mehr als 50 Prozent senken. Hier können wir mehr erreichen, als es der technische Fortschritt je kann.

Mit einer sachkundigen, saisonalen und regionalen Auswahl an Lebensmitteln können wir die Klimaauswirkungen im Bereich Food mindestens halbieren, wenn nicht sogar um zwei Drittel verringern. Die Lebensmittel, die wir täglich zu uns nehmen, und das Ernährungsverhalten, das wir als Gesellschaft praktizieren, sind der effizienteste Weg, die Treibhausgasemissionen zu reduzieren. So können wir das Ziel einer maximalen globalen Erwärmung von 2 Grad Celsius vielleicht noch erreichen – ein Ziel, das im Pariser Klimaabkommen von 2015 bereits mit höchster Brisanz festgelegt wurde.

TREIBHAUSGASE UND DER KLIMAWANDEL

Wenn Treibhausgase wie Kohlendioxid, Methan und Lachgas in die Luft freigesetzt werden, fangen sie durch Reflexion die Wärmestrahlen der Sonne innerhalb der Erdatmosphäre ein. Dadurch steigt die Temperatur der Erde an, was zu Klimaveränderungen führt.[29]

Während wir seit dem 19. Jahrhundert einen durchschnittlichen Anstieg um 0,8 Grad Celsius erlebt haben, ist die Zunahme in den letzten Jahren beispiellos.[30] In den letzten drei Jahrzehnten stieg die Temperatur der Erde um etwa 0,2 Grad Celsius pro Jahrzehnt an. Da die Wärme nicht gleichmäßig verteilt ist, heizen sich nördliche Regionen viel schneller auf als andere Teile der Welt. Der Klimawandel wird unsere Lebensgewohnheiten und Lebensräume auf diesem Planeten völlig verändern.

DAS RISIKO FÜR DIE MENSCHHEIT

Extreme Wetterereignisse wie Starkregen, Wirbelstürme, Hitzewellen und Dürren werden sich durch den Klimawandel häufen und in ihrer Ausprägung verstärken – ebenso wie Schlammlawinen, schmelzender Permafrost, Versauerung der Ozeane, Verlust von Pflanzen- und Tierarten, Ausbreitung von Krankheiten, Ertragsrückgänge und zunehmende Wasserknappheit. Die polaren Eiskappen und Alpengletscher schmelzen in rasantem Tempo ab, was zu einem Anstieg des Meeresspiegels führt. Überschwemmungen und die Erosion von Inseln und Küstengebieten sind die Folge. Und diese liegen nicht in ferner Zukunft. Zahlreiche tropische Inseln und Küstengebiete auf der südlichen Hemisphäre verlieren bereits jährlich Landfläche an der Wassergrenze. Der Klimawandel ist also kein Ereignis in der Zukunft. Er findet buchstäblich gerade jetzt statt.

Für den rasenden Temperaturanstieg sind auch menschliche Aktivitäten verantwortlich. Durch die Verbrennung fossiler Brennstoffe und unsere ausbeutende Ertragslandwirtschaft werden wie bereits erwähnt Treibhausgase wie Kohlendioxid, Methan und Lachgas in die Luft freigesetzt. Die Masttierhaltung produziert insbesondere

CLIMATE FACT

TREIBHAUSGASE SIND MOLEKULARE PARTIKEL IN DER LUFT, DIE DURCH REFLEXION DIE WÄRME DER SONNENSTRAHLEN IM ERDSYSTEM EINFANGEN. NEBEN DEM TEMPERATURANSTIEG VERÄNDERN SICH AUCH DIE ZIRKULATION UND VERTEILUNG DES WASSERS AUF DER ERDE SOWIE VIELE ANDERE FAKTOREN, DIE UNSER LEBEN UND DIE ART UND WEISE, WIE WIR DIESEN PLANETEN BEWOHNEN KÖNNEN, NACHHALTIG BEEINFLUSSEN.

Methan, das ungefähr 28-mal stärker wirkt als Kohlendioxid. Wenn die Menschheit nicht 85 Milliarden Nutztiere mästen würde, hätten wir diese Methanemissionen gar nicht.
Je länger wir einen Anstieg der globalen Temperatur einfach aussitzen, ohne zu handeln, desto höher wird der Preis sein, den wir dafür bezahlen müssen. Weltweit gibt es Bemühungen, die Erwärmung der Erde in Grenzen zu halten. Auf der Pariser Klimakonferenz von 2015 wurde das 2-Grad-Ziel festgelegt und eine globale Vereinbarung getroffen, alles dafür Nötige voranzubringen. Diese Anstrengungen werden uns nicht vor einem Schaden bewahren. Sie zielen lediglich darauf ab, die Folgen der globalen Erwärmung für die Menschheit einigermaßen beherrschbar und erträglich zu halten. Wir wissen gleichzeitig alle, dass in den letzten acht Jahren bereits weitaus mehr hätte passieren können.

DIE MATHEMATIK DER GLOBALEN ERWÄRMUNG

Bislang hat der Anstieg der Durchschnittstemperatur des Planeten um 0,8 Grad Celsius weitaus mehr Schäden verursacht, als die meisten Wissenschaftler*innen erwartet haben.

DIE ERSTE ZAHL: 2 GRAD CELSIUS

Angesichts dieser Auswirkungen sind viele Wissenschaftler*innen zu der Auffassung gelangt, dass 2 Grad Celsius ein viel zu nachsichtiges Ziel sind. Der NASA-Wissenschaftler James Hansen, der prominenteste Klimatologe des Planeten, stellt bereits fest: »Das Ziel, von dem in internationalen Verhandlungen über zwei Grad Erwärmung gesprochen wurde, ist eigentlich ein Rezept für eine langfristige Katastrophe.« Bleiben wir bei diesem Ziel, werden einige Länder gänzlich verschwinden.

2 Grad Celsius sind in diesem Sinne nicht ein ungefähr anzupeilendes Richtziel, sondern der aus Sicht der Wissenschaft maximale Temperaturanstieg, den wir Menschen vielleicht noch überleben könnten. Oder zumindest eine Weile auszuhalten imstande sind. Auch bei einer Erderwärmung von 2 Grad Celsius wird sich sehr vieles grundlegend verändern – deswegen empfiehlt die Wissenschaft weltweit, uns lieber um das 1,5-Grad-Ziel zu bemühen.

Food Fact

Aktuelle wissenschaftliche Arbeiten rund um Michael Clark an der Oxford University belegen, dass sich allein durch unser derzeit praktiziertes Ernährungsverhalten die Erde in den kommenden 30 bis 40 Jahren mit Sicherheit um 1,5 Grad Celsius und bis zum Ende des Jahrhunderts um 2 Grad Celsius erwärmen wird, würden wir die uns bisher gewohnte Art der Lebensmittelproduktion und Ernährung beibehalten. Und das, selbst wenn alle anderen Quellen, die Klimagase verursachen, ab sofort ausgeschaltet würden.[31]

DIE ZWEITE ZAHL: 450 GIGATONNEN

Wissenschaftler schätzen, dass der Mensch bis Mitte des Jahrhunderts etwa 800 Gigatonnen Kohlendioxidäquivalente mehr in die Atmosphäre freisetzen könnte und immer noch eine vernünftige Hoffnung hätte, unter 2 Grad Celsius zu bleiben.[32]

In einer neuen Studie von Michael Eisen (University of California) und Patrick O. Brown (Stanford University) wird betrachtet, wie sich ein weltweiter Verzicht auf tierische Produkte aus der Massentierhaltung, damit der Verzicht auf Viehzucht und die anschließende Wiederbewaldung von Weideflächen auswirken würde. Die Utopie besagt, dass ein über 15 Jahre auslaufender Ausstieg aus der Tierwirtschaft die Treibhausgase deutlich reduzieren würde. »Der Rückgang von Methan- und Lachgas sowie die Umwandlung von 800 Gigatonnen (800 Milliarden Tonnen) Kohlendioxid (CO_2) etwa in Wald und Bodenbiomasse hätten bis 2100 die gleiche positive Wirkung auf die Erderwärmung wie eine Senkung der jährlichen weltweiten CO_2-Emissionen um 68 Prozent.«

DIE DRITTE ZAHL: 50 GIGATONNEN

Die derzeitigen Emissionen liegen bei 50 Gigatonnen CO_2 Äquivalenten pro Jahr und wachsen von Jahr zu Jahr stetig um 2,2 Prozent. Die Umschlagberechnung gibt uns noch maximal neun Jahre Zeit, wenn wir die Emissionen nicht reduzieren.

Food Fact

Wenn wir jetzt beginnen, haben wir nur noch 15 Jahre, um das Problem zu lösen und die Klimakatastrophe abzuwenden, weil wir in Reaktion auf die Klimakrise seit der Klimakonferenz von 2015 so zögerlich bis gar nicht agiert haben. Die Beendigung der Tierhaltung hat hier das einzigartige Potenzial, die Werte aller drei relevanten Treibhausgase so erheblich zu reduzieren, dass es möglich ist, den Kurs zu ändern und die Erde als lebenswerten Planeten zu erhalten.

PERMAFROST - DER UNBERECHENBARE SPIELMACHER

Dieser ohnehin schon kurze Zeitrahmen wird sich erheblich verkürzen, wenn wir die exponentiell zunehmende Freisetzung der 1700 Gigatonnen des CO_2-Äquivalents einbeziehen, die derzeit in über 100 Jahre altem Eis eingefroren gelagert sind. Wenn diese negative Rückkopplungsschleife eintreten sollte, wird sie selbst den Temperaturanstieg beschleunigen: Immer mehr Eis wird schmelzen und somit immer mehr Treibhausgase freisetzen. Es ist schwer vorherzusagen, wann dies geschehen wird – aber wenn es passiert, wird es zu spät sein. Lasst uns heute beginnen, etwas zu ändern! Auf unseren Tellern, mit jedem Bissen. Dieses Buch ist ein kulinarisches Manifest für eine bessere Welt.

»CULINARY FOODPRINT«: WAS »WIEGT« MEIN ESSEN?

Der durchschnittliche Mensch verursacht durch seinen Lebensmittelkonsum mehr als 5,5 Kilogramm CO_2-Äquivalente pro Tag (2870 Kilokalorien, 50 Gigatonnen CO_2-Äquivalente, 34 Prozent davon).[33]
In Deutschland essen wir etwas mehr (3500 Kilokalorien am Tag), damit sind es schon um die 6,8 Kilogramm CO_2 am Tag und über 150 000 Kilogramm im Laufe des Lebens. Würden wir uns klimafreundlich ernähren, könnte jeder Einzelne 100 000 Kilogramm CO_2-Äquivalente im Laufe seines Lebens einsparen – eine beeindruckende Zahl. Sie entspricht der gleichen Menge Kohlendioxid, die verursacht würde, würde man 15,5-mal um den Globus fahren.

Lasst uns also die lebensmittelbedingten Emissionen um mindestens die Hälfte reduzieren! Ein Drittel der weltweiten Treibhausgasemissionen hängt mit der Lebensmittelversorgungskette zusammen. Wie und was wir essen, trägt also mehr zum Klimawandel bei als der globale Personen- und Gütertransport. Über 80 Prozent der

Emissionen unserer Lebensmittelversorgung entstehen schon vor und während der Nahrungsmittelproduktion. Die Emissionen entstehen vor allem durch Waldrodungen (38 Prozent), Torfabbau (11 Prozent) und in der Landwirtschaft selbst (50 Prozent), wobei die Nutztierhaltung, das Düngen und die Reisproduktion den Großteil ausmachen.

Food Fact

Der Einfluss von Methan (28-mal) und Lachgas (265-mal) auf die globale Erwärmung ist stärker als der von Kohlendioxid. Methan wird von Mikroorganismen im Magen von Kühen und Schafen produziert. Die Mikroorganismen unterstützen die Verdauung des Wiederkäuers. Methanemissionen entstehen aber auch auf Reisfeldern, wo der wasserdurchtränkte Boden ein schnelles Bakterienwachstum fördert. Auch diese Bakterien produzieren Methan. Lachgas steht im Zusammenhang mit der Verwendung von synthetischem und organischem Dünger und der Dungbewirtschaftung. Dünger, der nicht von den Pflanzen aufgenommen wird, wird entweder durch Niederschläge ausgewaschen oder von Bakterien in Lachgas umgewandelt und in die Atmosphäre abgegeben. Reines CO_2 wird emittiert, wenn fossile Energie zur Herstellung synthetischer Düngemittel verwendet wird oder wenn Maschinen das Land bearbeiten. Auch bei der Abholzung von Wäldern zur Gewinnung von Ackerland werden große Mengen CO_2 freigesetzt.

Der CO_2-Fußabdruck eines Lebensmittels wird mit einer Lebenszyklusanalyse (LCA) gemessen, einer systematischen und quantitativen Analyse der Umweltauswirkungen der einzelnen Lebensphasen eines Produkts. Ökobilanzen tragen zur Transparenz und Vergleichbarkeit der Auswirkungen verschiedener Abschnitte des Lebenszyklus wie Produktion, Handhabung, Transport, Lagerung und Entsorgung bei. Ökobilanzen können uns so bei der Entscheidungsfindung unterstützen, indem sie zeigen, welche Lebensphasen, Prozesse und Produkte einen niedrigeren ökologischen Fußabdruck hinterlassen.

Alle Treibhausgase im Zusammenhang mit der Produktion von Nahrungsmitteln werden in CO_2-Äquivalenten ausgedrückt: umgerechnet in die Menge Kohlendioxid mit gleicher Klimawirkung. Wenn wir im Allgemeinen von CO_2-Emissionen sprechen, beziehen wir uns tatsächlich auf

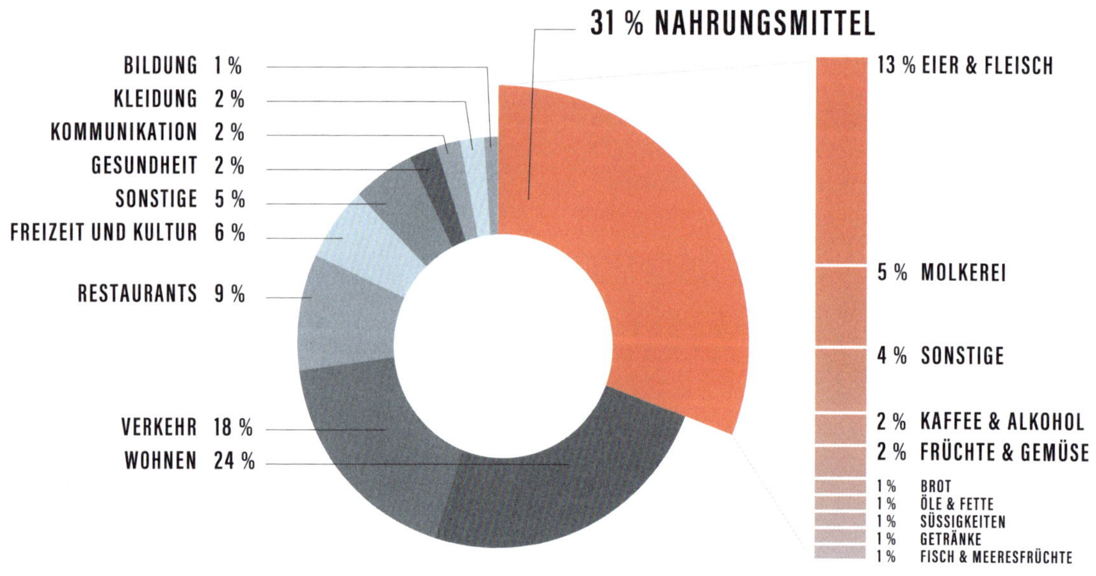

CO_2-Äquivalent-Emissionen. Wie das bei Lebensmitteln aussieht, findest du auf dem Klimaposter (siehe Seite 28/29).

NAHRUNGSMITTEL IM VERGLEICH

Mehr als 60 Prozent aller Emissionen im Zusammenhang mit der Lebensmittelproduktion und dem Lebensmittelkonsum stammen von Fleisch- und Milchprodukten. Im Allgemeinen haben tierische Produkte einen großen CO_2-Fußabdruck, denn um Fleisch zu produzieren, müssen zuerst Futtermittel hergestellt werden. Diese liefern weit mehr an Nahrungskalorien, als wir später aus dem Tier wieder herausbekommen. Aus 100 Kilokalorien protein- und kohlenhydrathaltigem Mastfutter (Soja, Saaten und Getreide) erhalten wir nur 18 Kilokalorien Fleisch.[34] Die Produktion von Fleisch- und Milchprodukten ist in Bezug auf die weltweite Ernährungsgerechtigkeit also weniger effizient. Im Durchschnitt werden 18 Kilogramm Pflanzenprotein benötigt, um 1 Kilogramm tierisches Fleischprotein zu gewinnen. Darüber hinaus produzieren Wiederkäuer wie Kühe und Schafe große Mengen an Methan, das sich wie bereits beschrieben stark auf das Klima auswirkt. Auch die meisten Milchprodukte haben einen großen CO_2-Fußabdruck, da für die Herstellung von Sahne und Käse immer gleich mehrere Liter Milch benötigt werden.

Pflanzliche Nahrungsmittel wie Getreide und Gemüse haben in der Regel einen kleinen CO_2-Fußabdruck, da für ihre Herstellung relativ wenig Ressourcen benötigt werden. Beheizte Gewächshäuser und Lufttransporte können den CO_2-Fußabdruck pflanzlicher Produkte jedoch erheblich vergrößern. So greift auch hier die Grundregel, dass regionale und saisonal verfügbare Lebensmittel den Löwenanteil dessen ausmachen sollten, was wir essen.

ESSEN UND GESUNDHEIT

Die Studie Global Burden of Diseases, Injuries and Risk Factors (GBD-Studie)[35] ist das Ergebnis einer unabhängig finanzierten Zusammenarbeit von über 2300 Wissenschaftler*innen und stellt die bis dato größte epidemiologische Studie im Bereich Gesundheit und Ernährung dar. Sie identifiziert 87 Verhaltens-, Umwelt- und Berufsrisiken sowie metabolische Risiken oder Risikocluster, die zu Krankheiten führen, und liefert neue Erkenntnisse hinsichtlich dieser Risiken, die wir berücksichtigen sollten, wenn wir unser Leben verbessern wollen.

Im Bereich Ernährung werden in der GBD-Studie acht sich nicht überlappende Ernährungsfaktoren identifiziert, die für ein langes gesundes Leben von positiver oder negativer Bedeutung sind. Diese sind Vollkorngetreide, Obst, Gemüse, Nüsse und Samen, verarbeitetes Fleisch, rotes Fleisch, Milchprodukte und Salz. Eine Fehlernährung wird in der Studie mit verlorenen Lebensjahren in Verbindung gebracht. Daraus lassen sich fundierte Ernährungsempfehlungen ableiten.

DER VEGANE ERNÄHRUNGSTELLER SIEHT WIE FOLGT AUS:

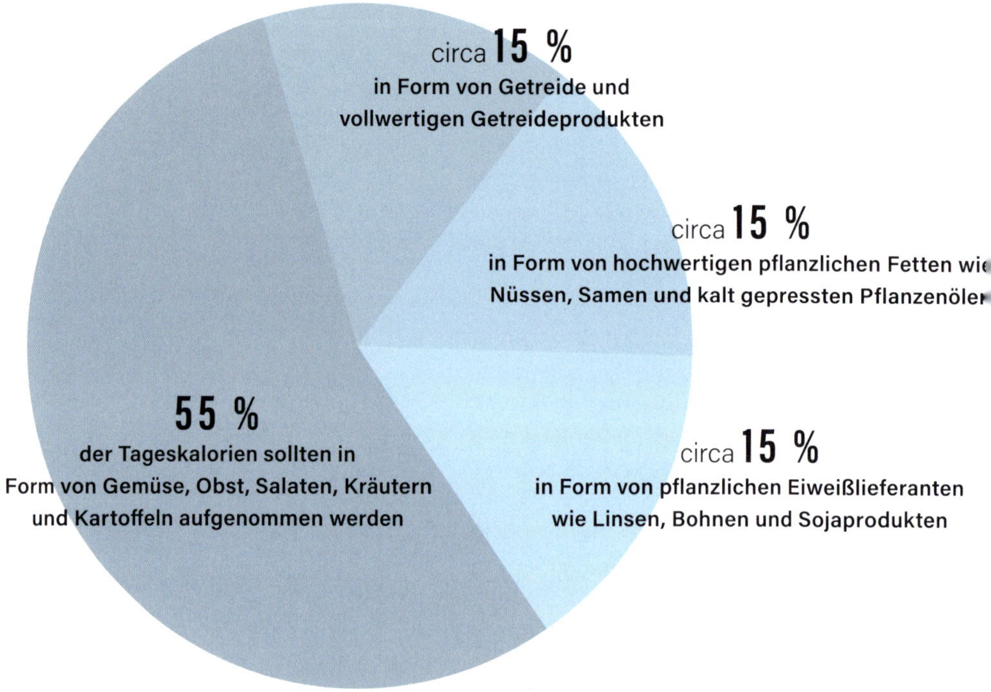

In den ungefähren Angaben versteckt sich ein Spielraum für zugesetzten Zucker in Form von Süßigkeiten und Snacks.

Ich persönlich finde Kalorienzählen eher alltagsfern und möchte auch explizit dazu einladen, intuitiver zu sein. Dabei gefällt mir das Konzept des visualisierten Ernährungstellers sehr gut. Wenn wir uns bei jeder Mahlzeit einen Teller vorstellen, den wir mit Energy-Powerfood beladen, kommen wir eigentlich zu allem, was unser Körper braucht. Auf diesem Teller liegen eine große Portion Gemüse, Grünzeug und auch Obst, von dem wir essen können, so viel, wie wir möchten. Denn wir können kaum zu viel Obst essen, da die Fruktose in ganzen Früchten mit allen anderen wichtigen Bestandteilen (Faserstoffe, Mineralien, Vitamine et cetera) verbunden ist. Fruktose wird erst dann ungesund, wenn wir sie in Säften, als Süßungsmittel und in Konzentraten zu uns nehmen. Neben dem Gemüse und dem Obst liegt eine gute Portion Getreide und Hülsenfrüchte, die uns vollwertige, komplexe Kohlenhydrate und wichtige Eiweißkomponenten liefern. Insbesondere in Kombination miteinander beinhalten sie alle essenziellen Aminosäuren, um Stoffwechselprozesse und Reparaturarbeiten im Körper zu gewährleisten. Auf keinen Fall fehlen dürfen wichtige Fettlieferanten wie Nüsse und Samen, die ebenfalls jede Menge Mikronährstoffe beisteuern und das Proteinprofil vervollständigen.

Ich möchte dich herzlich einladen, dich genau so zu ernähren. Im Rezeptteil dieses Buches findest du jede Menge köstliche Anregungen dazu. Let's eat the world better – die Rettung des Planeten findet auf unseren Tellern statt.

DER WATER FOOTPRINT

Der Wasser-(Knappheits-)Fußabdruck eines Produkts hängt von verschiedenen Faktoren ab. Erstens von der Menge an Frischwasser (Oberflächen- und Grundwasser, ohne Regenwasser oder Wasserverschmutzung), die in der jeweiligen Produktionsregion für das Produkt verwendet wird. Hier wird unterschieden, wie viel grünes Wasser (Regenwasser, das im Boden gespeichert wird) für die Feldfrucht oder das Produkt benötigt wurde. Im Fall von Bewässerungsmaßnahmen kommt es oft dazu, dass blaues Wasser (Seen, Flüsse und Grundwasser) hinzugezogen wird. Außerdem sprechen wir noch von grauem Wasser und benennen damit das Wasser, das bei der Herstellung des jeweiligen Lebensmittels verschmutzt wird und anschließend wieder gereinigt werden muss. Zweitens hängt der Wasser-(Knappheits-)Fußabdruck von der relativen Wasserknappheit in der jeweiligen Region ab.

Der Eaternity-Wasser-(Knappheits-)Fußabdruck [36] zeichnet sich dadurch aus, dass er den »Wasserstress« einer Region als Gewichtungsfaktor für die Menge des verbrauchten Frischwassers einbezieht. Der Wasserstress beschreibt die Wassermenge, die in einer definierten Region verbraucht wird, im Verhältnis zu der Wassermenge, die natürlicherweise durch Niederschläge dem Boden am selben Ort zugeführt wird. Eaternity kann diesen Wasser-(Knappheits-)Fußabdruck mithilfe zusammengetragener Datensätze zwischen 162 Ländern differenzieren. Weltweit stammt das Wasser zum Anbau von Lebensmitteln aus Regionen mit mittlerer bis hoher Wasserknappheit. Der/Die durchschnittliche Konsument*in lebt jedoch in Gebieten, in denen weniger Wasserstress besteht. Das bedeutet, dass leider viele Produkte aus wasserarmen Gebieten in Gebiete mit besserer Wasserversorgung transportiert werden.

Food Fact

Zum Beispiel benötigt eine Tomate, die in Spanien produziert wird, 44-mal mehr Bewässerungswasser als eine Tomate aus der DACH-Region (Deutschland, Österreich, Schweiz). Da Wasser in Spanien außerdem knapper ist als in den DACH-Staaten, ist der Knappheitsfußabdruck einer durchschnittlichen spanischen Tomate sogar 2400-mal höher als der einer durchschnittlichen DACH-Tomate. Das ist der Grund, warum wir im besten Fall nur im Sommer und Frühherbst regionale Tomaten kaufen und im Winter kein Sommergemüse verzehren sollten.

Je nachdem, welche Nahrungsmittel konsumiert werden und woher sie stammen, verfügt jedes Land über eine individuelle Liste von Nahrungsmittelprodukten, die problematisch sind und am meisten zum nationalen Wasser-(Knappheits-)Fußabdruck beitragen. In der DACH-Region sind das etwa Oliven, Nüsse, Schokolade, Kaffee, Milchprodukte, Reis und Rindfleisch.

Food Fact

Das bedeutet nicht, dass wir Lebensmittel mit einem großen Wasserfußabdruck ganz meiden müssen. Es bedeutet aber sehr wohl, dass wir sorgfältiger mit ihnen umgehen, sie auf keinen Fall achtlos konsumieren oder gar verschwenden sollten. Und es bedeutet vor allem, dass wir uns damit auseinandersetzen sollten, woher diese Lebensmittel kommen, wie sie hergestellt und ob sie fair gehandelt werden – nämlich so, dass die Lebensgrundlage der Menschen, die sie produzieren, gesichert ist.

SCHLUSSWORT

Die abschließenden Worte dieses Buches möchte ich mit einer Utopie beginnen:

»WENN SICH ALLE MENSCHEN WELTWEIT AB HEUTE PFLANZLICH ERNÄHREN, HABEN WIR DIE ZIELE DES PARISER ABKOMMENS MORGEN ERREICHT. UND JEDER VON UNS KANN UNMITTELBAR MIT JEDER MAHLZEIT DAZU BEITRAGEN!«

Weltweit feilen wir an erneuerbaren Energien, geschlossenen Wertschöpfungskreisläufen und emissionsfreier Mobilität. Dabei ist kein technischer Fortschritt so effektiv wie die Ernährungswende der Gesellschaft.

Wirklich wirkungsvoll wäre es, unser Essverhalten zu verändern, denn dieses bestimmt über 34 Prozent des vom Menschen gemachten ökologischen Fußabdrucks. Das ist mehr als alle anderen großen Antreiber des Klimawandels.

Meine Herzensangelegenheit ist es, pflanzliche Küche mit Kreativität und Genuss auf den Teller zu bringen. Denn eine klimafreundliche und gesunde Küche muss auch schmecken. Gemeinsam haben wir uns in diesem Buch durch über 90 solcher Rezepte gekocht, und ich hoffe, ich konnte beweisen, wie lecker, unkompliziert und genial die pflanzliche Küche sein kann.

Tragt eure Erfahrungen weiter, teilt euer Wissen, sprecht über das, was ihr gelesen und verstanden habt, und verschenkt dieses Buch, sooft es geht.

Lasst uns eine Welle des klimafreundlichen Genießens erzeugen, die nicht mehr aufzuhalten ist.

Die Zeit rennt!

Estella Schweizer

REGISTER

QUELLEN

[1] https://www.notion.so/eaternity/What-is-climate-friendly-food-ffc300d3467644a08a2ddf1ec8e9d95b
[2] https://www.ipcc.ch/site/assets/uploads/sites/4/2020/02/SPM_Updated-Jan20.pdf. A.3 Agriculture, Forestry and Other Land Use (AFOLU) activities accounted for around 13% of CO_2, 44% of methane (CH4), and 81% of nitrous oxide (N2O) emissions from human activities globally during 2007-2016, representing 23% (12.0 ± 2.9 $GtCO_2eq$ yr-1) of total net anthropogenic emissions of GHGs (medium confidence).21 The natural response of land to human-induced environmental change caused a net sink of around 11.2 $GtCO_2$ yr-1 during 2007–2016 (equivalent to 29% of total CO_2 emissions) (medium confidence); the persistence of the sink is uncertain due to climate change (high confidence). If emissions associated with pre- and post-production activities in the global food system22 are included, the emissions are estimated to be 21–37% of total net anthropogenic GHG emissions (medium confidence). {2.3, Table 2.2, 5.4}
[3] https://eaternity.org/assets/sci-pub/Mason%20DCorz%20et%20al%20(2018)%20Options%20for%20keeping%20the%20food%20system%20within%20environmental%20limits.pdf. The production of animal products generates the majority of food- related GHG emissions (72–78% of total agricultural emissions), which is due to low feed-conversion efficiencies, enteric fermentation in ruminants, and manure-related emissions42
[4] https://www.umweltbundesamt.de/service/uba-fragen/wie-hoch-sind-die-treibhausgasemissionen-pro-person
[5] https://de.wikipedia.org/wiki/Liste_der_Länder_nach_CO_2-Emission_pro_Kopf#/media/Datei:2019_Worldwide_CO_2_Emissions_(by_region,_per_capita),_variwide_chart.png)
[6] Niko Rittenau, Sebastian Copien: *Vegan Low Budget: Großer Geschmack zum kleinen Preis.* Ventil, 2022
[7] https://eatforum.org/eat-lancet-commission/the-planetary-health-diet-and-you/!
[8] https://www.dge.de/ernaehrungspraxis/vollwertige-ernaehrung/ernaehrungskreis/. »Bei einer konsequenten Wahl von Vollkornprodukten kann die Menge der Getreideprodukte oder der Kartoffeln verringert werden. Stattdessen können beispielsweise mehr eiweißreiche pflanzliche Lebensmittel wie Hülsenfrüchte auf dem Speiseplan stehen. Mehr tierische Produkte wie Fleisch und Wurst zu essen ist nicht sinnvoll, da dann unter anderem mehr ungünstige gesättigte Fettsäuren aufgenommen werden.
Durch eine gezielte Lebensmittelauswahl kann eine vegetarische Ernährung – mit Milch, Milchprodukten und Eiern – als vollwertige Ernährung umgesetzt werden. Die Wahl von Vollkornprodukten, Hülsenfrüchten, grünem Blattgemüse sowie Nüssen und Ölsaaten wird dann umso wichtiger.«
[9] https://www.who.int/news-room/fact-sheets/detail/obesity-and-overweight
[10] https://eaternity.org/assets/smart-chefs/2017-12-17-Smart-Chefs-Booklet-double-page.pdf
[11] https://www.globalhungerindex.org/pdf/de/2021.pdf; https://www.plan.de/hunger-in-der-welt.html; https://www.unicef.de/informieren/aktuelles/presse/-/un-report-nahrungssicherheit-hunger/277694
[12] https://www.bmz.de/de/agenda-2030/sdg-6#anc=Zahlen
[13] https://eaternity.org/foodprint/environmental-footprints#forest
[14] https://eaternity.org/foodprint/environmental-footprints#forest
[15] https://www.nationalgeographic.de/umwelt/2022/02/gerodet-fuer-eu-konsum-fast-1000-fussballfelder-waldflaeche-taeglich
[16] https://www.nature.com/articles/s41558-022-01287-8
[17] Niko Rittenau, Patrick Schönfeld und Ed Winters: *Vegan ist Unsinn.* Ventil, 2021

[18] https://www.wwf.de/fileadmin/fm-wwf/Publikationen-PDF/WWF_Fleischkonsum_web.pdf
[19] https://www.dw.com/de/soja-segen-oder-fluch-fürs-klima-fleisch-amazonas-brasilien-mercosur-soja-bolsonaro/a-50374594; https://www.regenwald-schuetzen.org/verbrauchertipps/soja-und-fleischkonsum/was-ist-soja_»Mit 80 Prozent wird der größte Teil der Sojabohnen in Form von Sojaschrot in der Tiermast eingesetzt und dem Kraftfutter beigemischt. Hauptsächlich Hühner und Schweine werden mit Sojaschrot gefüttert. Wenn all das Soja, das in der europäischen Massentierhaltung verfüttert wird, in Europa angebaut würde, müsste Europa eine Fläche größer als Österreich zusätzlich nur als Anbaufläche für Soja haben. Die aktuelle Fleischproduktion in und für Europa ist überhaupt erst durch den Sojaanbau in Übersee möglich.«
Siehe auch: Niko Rittenau, Sebastian Copien: *Vegan-Klischee ade!*. Ventil, 2022.
[20] https://www.boelw.de/fileadmin/user_upload/Dokumente/Pressemitteilungen/230118_BOELW_PM_Studie_Bio_wirkt_als_Inflationsbremse.pdf)
[21] https://www.fao.org/3/mb060e/mb060e00.pdf
[22] https://www.bmel.de/DE/themen/ernaehrung/lebensmittelverschwendung/studie-lebensmittelabfaelle-deutschland.html
[23] https://www.bluezones.com/2020/07/blue-zones-diet-food-secrets-of-the-worlds-longest-lived-people/; https://link.springer.com/chapter/10.1007/978-3-662-61663-5_16
[24] https://www.regenwald-schuetzen.org/verbrauchertipps/soja-und-fleischkonsum/die-komplexen-folgen-der-massentierhaltung/
[25] https://www.wissenmachtklima.de/die-milchkuh-und-seine-haltung-teil-i/_
[26] https://www.spiegel.de/wissenschaft/mensch/veganer-sparen-jaehrlich-zwei-tonnen-treibhausgase-a-1264577.html; https://ora.ox.ac.uk/objects/uuid:b0b53649-5e93-4415-bf07-6b0b1227172f
[27] https://philipp-bruck.de/2021/02/ernaehrungswende-klimaschutz/#more-233
[28] https://www.notion.so/eaternity/What-is-climate-friendly-food-ffc300d3467644a08a2ddf1ec8e9d95b
[29] Sehr gut erklärt werden diese Zusammenhänge in David Nelles, Christian Serrer: *Machste dreckig – Machste t: Die Klimalösung*. KlimaWandel, 2021
[30] https://wiki.bildungsserver.de/klimawandel/index.php/Datei:CCC_global_temp1850-2020.jpg
[31] https://doi.org/10.1126/science.aba7357
[32] https://www.carbonbrief.org/guest-post-what-the-tiny-remaining-1-5c-carbon-budget-means-for-climate-policy/; https://www.nature.com/articles/s41586-019-1368-z.pdf
[33] https://www.notion.so/eaternity/Benchmark-Calculation-Berechnung-CO-EN-DE-04e7e19eaab64c7b9918e21f71ab450f
[34] https://bluehorizon.com/insight/beef-ranks-lowest-in-feed-conversion-and-protein-conversion-efficiency/; https://bluehorizon.com/insight/with-251-beef-ranks-lowest-in-feed-conversion-efficiency/
[35] www.healthdata.org/gbd/2019; www.thelancet.com/gbd
[36] https://eaternity.org/foodprint/environmental-footprints#water

DANK-SAGUNG

Während ich diese **Dank**sagung schreibe, fühle ich echtes Glück darüber, dass wir dieses Werk gemeinsam in die Welt bringen konnten. Denn es ist höchste Zeit für die Ernährungswende der westlichen Welt und Kochbücher fürs Klima gibt es bei Weitem noch nicht genug.

Dieses Buch widme ich der Zukunft meiner Nichten und Neffen und allen kleinen Kindern, die noch viele Lebensjahre auf dem Planeten Erde vor sich haben.
Sie werden sich den Herausforderungen stellen, deren Grundlage wir in der Vergangenheit und Gegenwart geschaffen haben und weiterhin schaffen.
Sie werden uns anschauen und uns fragen: „Warum habt ihr nichts gemacht? Ihr habt doch bereits gewusst, welche Folgen euer Handeln hat" – und ich hoffe dass Sie, liebe Leser*innen, diesem Blick dann standhalten können. Wissend, dass Sie bereits Ihr Bestes gegeben haben: nämlich unter anderem zukunftsfähig gekocht und gegessen zu haben. Denn was wir essen, macht einen Unterschied fürs Klima.

Danke, liebe Vera Guala, für die farbliche Gestaltung und die grellen Hingucker, zu denen du meine Rezepte gemacht hast.

Danke, Winfried Heinze, Lena Kaltenbach und das ganze Team von b.lateral, für die Expertise in Fotografie und Gestaltung. Ganz besonders Hannes Knab für deine Designarbeit.
Es war mir wieder eine riesige Freude, ein weiteres Buch gemeinsam umsetzen zu können. Mal sehen, was als Nächstes kommt – denn »aller Guten Dinge sind drei«.

Danke an Manuel Klarmann und das Team von Eaternity, die ihr mit eurer Pionierarbeit in Sachen Food und Climate seit 2008 wissenschaftlich begründete Zahlen liefert, welche eine fundierte Grundlage liefern, das Ernährungssystem umzugestalten. Ihr belegt unumstritten das Warum und ich wünsche mir sehr, dass wir mit diesem Buch gemeinsam viele Menschen erreichen.

Danke an Andrei Teusianu für die Schnittstelle zum Verlag und die offene Kommunikation. Du hast von Anfang an Potenzial in unserem Projekt erkannt und uns gegenüber den Kolleg*innen bei Südwest so gut vertreten. Danke auch an Eva Wagner.

Danke an Ulrike Kretschmer für das reibungslose, geduldige Lektorat.

Danke an all die Mitesser*innen, die nach langen Shootingtagen dabei geholfen haben, Food Waste zu vermeiden, und das Food Saving mit ihren Mägen tatkräftig unterstützen.

IMPRESSUM

Estella Schweizer ist leidenschaftliche Aktivistin für klimafreundliche Küche und Expertin für pflanzliche Ernährung. Sie studierte fünf Jahre lang Medizin an der Albert-Ludwigs-Universität Freiburg, bevor sie sich für einen ganzheitlichen Ansatz in der Gesundheitsversorgung entschied, der auf Prävention setzt. Nach ihrer Ausbildung zur Ergotherapeutin und Ernährungsberaterin wagte sie den Sprung in die Gastronomie. Mehrere Jahre leitete sie ein veganes Café-Bistro in Regensburg und arbeitete nebenbei freiberuflich als Ernährungscoach, Eventköchin und gab Koch- und Backkurse. Estella ist zertifizierte »Plant-based Chef« und eine der renommiertesten veganen Köchinnen in Deutschland. Ihre kreative und umweltbewusste Küche zieht Kreise und begeistert. Heute ist sie als Rezept- und Produktentwicklerin für junge Start-ups in der nachhaltigen Lebensmittelindustrie tätig. Darüber hinaus berät sie Gastronomen, Hoteliers und internationale Konzerne zu nachhaltigen Food-Konzepten. Estella ist Mitglied des » Good Food Collective « und setzt sich für eine nachhaltige und fair gehandelte Lebensmittelproduktion ein. Mit ihren innovativen und nachhaltigen Rezepten fördert sie das Umweltbewusstsein und ermutigt die Menschen, einen positiven Einfluss auf unseren Planeten zu nehmen.

Winfried Heinze ist als Fotograf spezialisiert auf Food und Lifestyle und ist Mitbegründer der Kreativagentur b.lateral. Er lebt am Bodensee, in London und Zürich und arbeitet weltweit. Seine Fotos erscheinen regelmäßig in Magazinen, Büchern und anderen Publikationen.

Vera Guala, Stylistin, kam vom Siebdruck in Bern über die Trendforschung in Paris zum Modestudium nach Zürich. Farbe und Ästhetik haben schon immer die wichtigste Rolle in ihrem Arbeitsleben gespielt. Heute kommt ihr Talent vor allem in den Bereichen Kulinarik und Lifestyle zum Einsatz.

b.team sind alle Mitwirkenden von b.lateral creative agency. Mit viel Können und Leidenschaft haben sie zur Fertigstellung des Buches, vom ersten Konzept bis zum fertigen Layout, beigetragen. Vor allem Hannes Knab und David Capó Vallbona gestalteten Titelseiten, Illustrationen, Typografie und Layout. Lena Kaltenbach perfektionierte die Fotos mit ihren digitalen Fähigkeiten. Sie alle leben am Bodensee.

1. Auflage 2023

Hinweise

Sollte diese Publikation Links auf Webseiten Dritter enthalten, so übernehmen wir für deren Inhalte keine Haftung, da wir uns diese nicht zu eigen machen, sondern lediglich auf deren Stand zum Zeitpunkt der Erstveröffentlichung verweisen. Das vorliegende Buch wurde sorgfältig erarbeitet. Dennoch erfolgen alle Angaben ohne Gewähr. Weder der Autor noch der Verlag können für eventuelle Nachteile oder Schäden, die aus den im Buch gegebenen praktischen Hinweisen resultieren, eine Haftung übernehmen.

Projektleitung: Andrei Teusianu, Eva Wagner
Redaktion: Ulrike Kretschmer
Korrektorat: Susanne Schneider
Umschlaggestaltung, Layout, Rezeptfotografie, Grafiken & Satz: Winfried Heinze, www.blateral.com
Herstellung: Timo Wenda
Druck und Bindung: Alföldi Nyomda Zrt., Debrecen

Printed in Hungary

Penguin Random House Verlagsgruppe FSC® N001967

ISBN 978-3-517-10193-4
www.suedwest-verlag.de